二次試験対策 合格への徹底トレーニングBOOK

英検®1級 面接大特訓

植田 一三 編著／上田 敏子／Michy 里中／山下 澄子 著
Ueda Ichizo　Ueda Toshiko　Michy Satonaka　Yamashita Sumiko

Jリサーチ出版

はじめに

はじめての受験で合格するために

　お元気ですか、Ichay Ueda です。今回は英検1級の二次試験＆エッセイライティング問題高得点突破対策本を書きました。グローバル化が進むにつれてますます重要になってきたのが、欧米の「学問・教育の核」である、**critical thinking ability（論理的思考力** [問題を発見し、優先順位をつけ、情報を集めて評価し、解決策を出す力]）、**argument 力**（意見を出し、証拠を示しながらその正当性を証明する力）です。これらはプレゼンや討論やアカデミックライティングに欠かせない能力で、それを英語でスキル UP することに最も貢献しているのが英検1級のエッセイ問題と二次試験と言えます。本書は、そういった時代のニーズに応えるべく、国際社会を生き抜くための能力を、短期間で身につけるための「英語発信力 UP 英検1級直前対策トレーニング本」として生み出されました。

　第1章では、**面接試験当日のシミュレーションを示し**、面接の流れはもちろん、**エッセイライティング作成や二次面接試験突破の極意**、注意点や頻出トピック、それから**Q&Aの傾向を紹介しています。**

　第2章では、エッセイやスピーチで即使える最も重要なフレーズの例文と、非常に汎用性の高い表現を紹介しています。

　第3章ではエッセイライティング＆二次試験トレーニング編です。エッセイ＆スピーチの過去問データ分析に基づいて厳選したトピックの模擬問題を、添削も交えて解説していて、合格点を獲るコツがつかめると同時に、受験者が犯しやすいミスに効果的に対処することができるようになっています。また、Pro／Con 双方のポイントが解説されているので、どちらのスタンスでも発信できるようになっています。

　また、**Q&Aトレーニング**では、社会問題関連の質問内容とモデルアンサーを分野別に紹介しており、合格に欠かせない**論理的な解答の作り**

方を短時間でマスターできるようになっています。さらに、社会問題に関連する重要英語表現を多く含んだ解答や解説を通して、合格に最低必要な表現力を最短距離で身につけることができるようになっています。

そして巻末には、エッセイや二次試験のスコアUPに欠かせないトピックのレパートリーを最も効果的に増やすためのキーフレーズ集「英検1級大特訓フラッシュカード」を掲載しています。

こういった本書の活用法

❶ まずヒントを見て、自分で解答（スピーチ／エッセイ／ Q&A の A）を作ってみる。
❷ 自分の解答を作った後で、モデルアンサーを見てマスターする。
❸ フラッシュカードを用いて、スピーチがスラスラ言えるように練習する。
❹ Q&A は CD を聞いて自分の答えが言えるように練習する。

英語の質問やエッセイで高得点が取れるように、本書をフルに活用してください。

最後に、本書の制作にあたり、惜しみない努力をしてくれた Aquaries スタッフの上田敏子氏（第2章、第3章Q&A、校正）、Michy 里中氏（第3章Q&A）、山下澄子氏（第3章エッセイ）、田中秀樹氏（校正）、入澤仁美氏（リサーチ協力、第2章翻訳）舟橋智史氏（校正）および J リサーチ出版編集部の新谷祥子氏と本書執筆の母体となった参考文献の著者の方々には、心から感謝の意を表したいと思います。そして何よりも、われわれの努力の結晶である著書を愛読してくださる読者の皆さんには心からお礼申し上げます。

それでは、明日に向かって英悟の道を
Let's enjoy the process!（陽は必ず昇る!）

植田一三

CONTENTS

はじめに ……………………………………………………………… 2
本書の利用法 ………………………………………………………… 6

第1章　面接の準備　　9

面接シミュレーション …………………………………………… 10
二次面接試験の極意 ……………………………………………… 13
英検1級　頻出分野はこれだ！ ………………………………… 16
トピック分析ダイアグラム ……………………………………… 19
エッセイライティング＆二次面接試験の攻略法 ……………………………………… 28

第2章　短文練習　　33

- **Unit 1** イントロに効果的な表現 ……………………… 34
- **Unit 2** 因果関係・要因を表す表現 …………………… 38
- **Unit 3** 影響・結果を表す表現 ………………………… 40
- **Unit 4** 重要性を示す表現 ……………………………… 42
- **Unit 5** 両面性・ジレンマを表す表現 ………………… 44
- **Unit 6** 「示す」を表す表現 …………………………… 46
- **Unit 7** 「促進・改善する」を表す表現 ……………… 50
- **Unit 8** 「ダメージ・阻止」を表す表現 ……………… 56
- **Unit 9** 対策・打開策に関する表現 …………………… 62

第3章　実践訓練　　　　　　　　　　　　　　　　　65

Unit 1　政治 ································· 66
　　Topic 1 ···· 66　　Q1 ···· 75　　Q2 ···· 77　　Q3 ···· 79
　　Topic 2 ···· 82　　Q4 ···· 89　　Q5 ···· 91　　Q6 ···· 94

Unit 2　経済 ································· 96
　　Topic 1 ···· 96　　Q1 ···· 105　Q2 ···· 108
　　Topic 2 ···· 110　Q3 ···· 120　Q4 ···· 123　Q5 ···· 125

Unit 3　教育 ································ 128
　　Topic 1 ···· 128　Q1 ···· 136　Q2 ···· 138　Q3 ···· 140
　　Topic 2 ···· 142　Q4 ···· 153　Q5 ···· 156　Q6-1 ···· 158
　　　　　　　　　　Q6-2 ···· 160

Unit 4　医療 ································ 162
　　Topic 1 ···· 162　Q1 ···· 172　Q2 ···· 174
　　　　　　　　　　Q3 ···· 176　Q4 ···· 178

Unit 5　科学 ································ 180
　　Topic 1 ···· 180　Q1 ···· 188　Q2 ···· 190
　　Topic 2 ···· 192　Q3 ···· 201　Q4 ···· 203

Unit 6　環境 ································ 206
　　Topic 1 ···· 206　Q1 ···· 216　Q2 ···· 218
　　Topic 2 ···· 220　Q3 ···· 229　Q4 ···· 231

Unit 7　文化・スポーツ・レジャー ················· 234
　　Topic 1 ···· 234　Q1 ···· 242　Q2 ···· 244
　　Topic 2 ···· 246　Q3 ···· 254　Q4 ···· 256

Unit 8　家庭・高齢化 ························· 258
　　Topic 1 ···· 258　Q1 ···· 265　Q2 ···· 268
　　　　　　　　　　Q3 ···· 270　Q4 ···· 272

Unit 9　メディア ······························ 274
　　Topic 1 ···· 274　Q1 ···· 283　Q2 ···· 286　Q3 ···· 289
　　Topic 2 ···· 292　Q4 ···· 302　Q5 ···· 305

◆巻末付録◆　英検1級 大特訓　フラッシュカード ········· 307

本書の利用法

第1章 面接の準備 (9～32ページ)

▶二次面接試験が実際にどのように行われるかのシミュレーションと、過去の出題からはじき出した「頻出分野ランキング」そして、各頻出分野の重要トピックを分析してダイアグラム化してあります。

第2章 短文練習 (33～64ページ)

▶英検1級の面接で非常に役立つ短文フレーズを、機能別に分類しました。

● 見開きの左ページに日本語、右ページに英語があります。まずは日本語だけを見て、それを英語で言えるか試してください。

● CDのディスク番号とトラック番号を示しています。日本語→英語の順で音声が流れます。

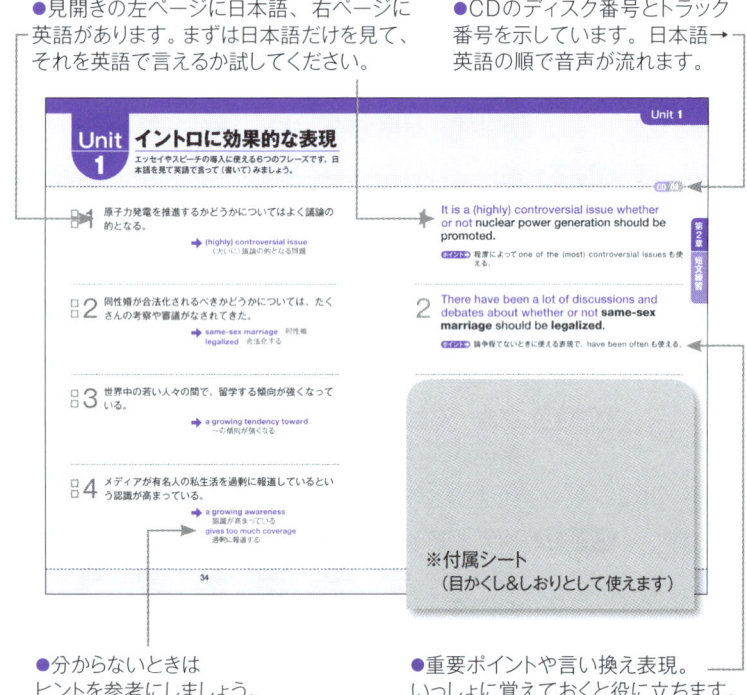

※付属シート
（目かくし&しおりとして使えます）

● 分からないときはヒントを参考にしましょう。

● 重要ポイントや言い換え表現。いっしょに覚えておくと役に立ちます。

本書は英検1級受験対策として、エッセイライティングとスピーチ、Q&Aのトレーニングを行うための本です。構成は大きく分けて、第1章「面接の準備」、第2章「短文練習」、第3章「実践訓練」となっており、試験の内容を理解し、合格を勝ち取るための本格的な訓練ができます。

第3章 実践練習 (65～302ページ)

ステップ1 スピーチ[エッセイ]対策

▶まずはスピーチ練習から。このレッスンは、1次試験のエッセイにも非常に有効です。

● ここで取り組むトピックです。
♪ CDに英語音声が収録してあります。

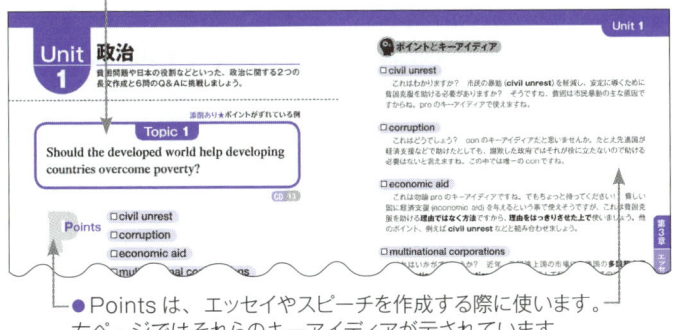

● Points は、エッセイやスピーチを作成する際に使います。
右ページではそれらのキーアイディアが示されています。

▶サンプル英文と、(添削&)解説を見てみましょう。

● Topic について書かれた英文です。
「添削あり」の場合と「なし」の場合があります。
♪ 「添削あり」の場合は添削後の英文が、「添削なし」の場合はサンプル解答が、それぞれ CD に収録してあります。

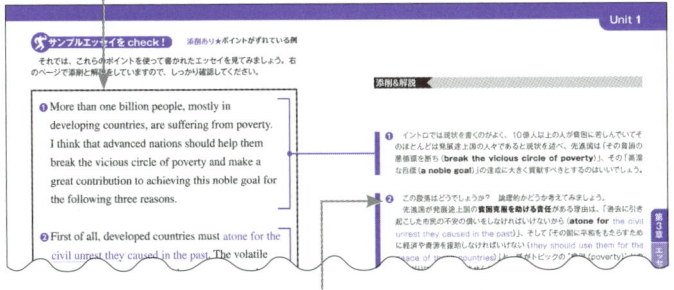

● 「添削あり」の場合は添削と解説が、
「添削なし」の場合は解説のみが掲載されています。

▶添削後の英文とその和訳（添削なしの場合はサンプル解答例の和訳）、重要語句（と反対のアーギュメント）をチェックしましょう。

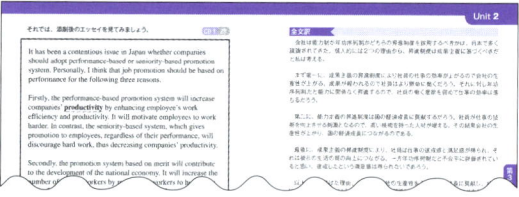

ステップ2 Q&A対策

▶2次試験のスピーチの後に行われるQ&A対策です。

●解答例の英文です。 Questionと解答例は、CDに音声が収録してあります。

●Q&A対策に重要なポイント解説です。しっかり読んで頭を整理し、自分のものにしましょう。

●本番をよりリアルに想定し対策できる、具体的な解説と対処法が書かれています。本番を想定し、しっかり叩き込みましょう。

CDの効果的な使い方

●**第2章の音声内容**　短文日本語 ⇨ ポーズ ⇨ 英語

日本語を聞いて、無音の間に自力で英語を言ってみましょう。自分の言った英語が正しいかどうか、ポーズのあとに続く英語を聞いて確認しましょう。

●**第3章の音声内容**　TopicもしくはQ ⇨ 解答例[いずれも英語のみ]

面接本番で話すスピードや発音などの参考にしましょう。

第1章

面接の準備

CD 01 → CD 03

　まずは、英検1級の面接の基礎知識を見ておきましょう。

　面接当日の流れを音声とともにシミュレーションし、配点と合格点、そして、頻出ジャンルの分析と重要トピックのダイアグラムをチェックしておきましょう。

「面接シミュレーション」

面接室に入るところから出るところまで、順を追って見ておきましょう。面接委員とはすべて英語でコミュニケーションをとります。面接中にメモや写真撮影、録音などはしてはいけませんのでご注意ください。

1 部屋に入る ➡ あいさつと日常会話

❶ 「面接カード」を持って、係員の指示に従って面接室に入ります。

❷ 面接委員に「面接カード」を手渡し、面接委員の指示に従って着席します。

❸ 最初に氏名の確認をし、面接官の質問に従って、簡単な日常会話をします。

面接委員1 Hello. 　　　　　　　　　　　　　　　　　　　　　　　CD 01

受験者 Hello.

面接委員1 Can I have your card, please?

受験者 Yes. Here you are.

面接委員1 Thank you.

面接委員2 Please have a seat.

受験者 Thank you.

面接委員1 My name is Ichiro Suzuki.

面接委員2 And I'm Robert Johnson. May I have your name, please?

受験者 My name is Akiko Suzuki.

面接委員1 Well, Ms. Suzuki, How did you come here today?

受験者 I live in Goi in Chiba Prefecture, so I came by train. It takes about an hour.

面接委員2 I see, could you please tell us a little bit about yourself?

受験者 OK, I work as an editor at a publishing company in Kanda. It's a demanding job and requires a lot of overtime. However, it's an interesting job, and I sometimes use English.

2 スピーチ

① 面接委員から5つのトピックが書かれた「トピックカード」を受け取ります。トピックの中から1つを選び、スピーチの内容を考えます（メモは不可）。

② 面接委員の指示で、スピーチを始めます。スピーチの時間は2分間です。

面接委員1　OK. Thank you. Now, let's start the test. Here's your topic card.

受験者　Thank you.

面接委員1　There are five topics on the card. You have one minute to choose a topic and prepare your speech.

スピーチの考慮時間（1分間）

タイムキーパー　One minute has passed.

面接委員1　Which topic did you choose?

受験者　Topic two, "Should nuclear power be promoted?"

面接委員1　You have two minutes. Please begin.

スピーチ（2分間）

3 Q&A → 退室

① 面接委員からスピーチの内容や、トピックに関連した質問が出題されます（4分程度）。

② 試験が終了したら、「トピックカード」を必ず面接委員に返し、退室します。

③ 終了し、退室したら、すみやかに会場から退場します。控室へ戻ったり、待機中の受験者と会話をしてはいけません。

面接委員2　OK. Have you finished?

受験者　Yes.

スピーチに関連したQ&A（4分間程度）

面接委員1　Alright, Ms. Suzuki, Your time is up. Could I have the card back, please?

受験者　Yes. Here you are.

面接委員1　Thank you.

面接委員2	Thank you for coming today. You may go now.
受験者	Thank you very much.
面接委員2	Goodbye. Have a nice day.
受験者	Thank you. You too. Goodbye.
面接委員1	Goodbye.
受験者	Goodbye.

配点と合格点

試験時間
約 **10** 分

採点基準	配点
Short Speech	**30**点
Interaction	**30**点
Grammar and Vocabulary	**20**点
Pronunciation	**20**点

100 満点
60 点以上で 合格

＊アティチュード（attitude）

attitude とは「態度・姿勢」という意味で、二次試験では主に次のような点が評価の対象となっています。

①積極性
✔ 知識不足で適した言葉が出ない際も、知っている単語をなんとか駆使し、相手に伝えようと努力しているか。

②明瞭な声
✔ 相手にとって聞き取りやすい声で話しているか。
✔ 適切な発音、アクセントで話しているか。

③自然な反応
✔ 相手の言葉に対して、不自然なくらい長い間がおかれていないか。

二次面接試験の極意

　私は英検1級の英文ライティング指導と二次試験対策指導を過去32年間以上行ってきましたが、「エッセイライティング問題」と「二次面接試験」で高得点を取るために重要な能力は、**"logical thinking & problem-solving（論理的思考力と問題解決力）"**、つまり、物事の因果関係を分析し、秩序立てて矛盾なく述べ、打開策を考え出す能力です。英語のthinkは**「意見を持ち、根拠のある推論をしたり問題解決や意思決定をしたりするために頭を働かせる」**という知的生産活動で、logicalとは**「物事の因果関係を徹底的に分析することによって選択したり、決定を下したりすること」**で、この2つの要素が、英検1級の社会問題に関する「英語の発信力の重要なファクター」となっています。

　また、二次試験のSection 1（30点）であるShort Speechは、「与えられたトピックについて要点をまとめ、根拠をサポートし、首尾一貫したスピーチをする能力」の評価となっていますが、最悪なのは、矛盾した、まとまりの悪い、わかりにくいスピーチということになります。そして、このことはSection 2（30点）のInteractionでの解答レスポンスでも同様です。そして、Section 3（20点）の語彙やSection 4（20点）の発音を含むすべてのセクションに言えることは、メッセージの**わかりやすさ(clarity)**です。ですから語彙の選択が間違っていたり、発音や発声が悪かったりするとわかりにくくなり、それらのスコアが悪くなってきます。

　日本人は、よくグレーゾーンシンキング＆スピーキング（中間的思考＆発話）をする傾向があるので、話し手のスタンスがイエスなのかノーなのかが聞き手にわからない時がよくあり、これが論理的コミュニケーションの障害になっています。ある問題に関するスタンスにおいて、Yesが60％で、Noが40％の場合、自分のスタンスを弱める例を挙げてしまったりして、何が言いたいのかわかりにくい印象を与えてしまうことがあります。そこ

で、二次試験では次のように、最初から**スタンスを明確**にする必要があります。

肯定（イエス）・否定（ノー）の5段階	
100%	無条件で肯定（イエス）；間違いなく必ず肯定（イエス） (unconditionally [unequivocally] yes)
75%	条件付で肯定（イエス）；大体、基本的に肯定（イエス） (generally [basically / conditionally] yes)
50%	時と場合による。肯定とも否定とも言えない (It depends.)
25%	条件付で否定（ノー）；大体、基本的に否定（ノー） (generally [basically / conditionally] no)
0%	無条件で否定（ノー）；間違いなく必ず否定（ノー） (unconditionally [unequivocally] no)

　社会問題のアーギュメントでは、Yes と言えば、ほぼ100％ Yes となり、No はほぼ100％ No となってしまいます。よって例外もあるかもしれませんが、大体当てはまる場合は、英語では generally [conditionally] "Yes(No)" や yes on the condition that ～ や basically[generally] yes などと言います。しかし、日本人はこういった degree を表しながらポイントを最初に述べることが少なく、その話者のメッセージから「イエスかな」と思いながら、最後までよく聞いてみると結局ノーであったりします。これは、よく日本人が Yes, but ～ のように軽い相槌のつもりで Yes を用いたり、話者が良心や気持ち（願望）や一般社会常識に影響され、Yes と言いながら、実際の考え方は No であるといった状態で、自分のスタンスについて自己分析が出来ていないことが原因で起こります。こういう事態を避けるために、「概して［条件付で］Yes / No」と言えるようになる必要があります。つまり、Yes の理由のポイントが事例の75％当てはまる場

合に、generally をつけるとアーギュメントが強くなり、25％の場合にしか当てはまらないのに述べると弱いアーギュメントなってしまうので、感情的になって、現状を見失わないように注意しましょう。また、条件が多くなる場合は、「50％」のところの「時と場合による」を用います。

　二次試験で次に重要なのは、常に**賛否両論（pros & cons）[メリット＆デメリット]** を考えることです。この両面を見る（put an issue into perspective）はディベート思考の基本で、論理的発信力UPのためにこの能力を養う必要があります。これによって、反論されても動揺したり感情的になったりせずにそれをさばくことができるようになり、試験官の challenging な質問にも対応することができるようになります。さらに反論の反論を予測し、ディベートのシミュレーションができるようになれば、何らかの問題を多面的に掘り下げて考え抜くことができます。訓練をすれば、何らかの意見が頭に浮かぶや否やその反論や弱点が浮かび、それをまた自分で反論するスピードがどんどんと速くなっていきます。

　また、二次試験の対策勉強をするときは、何らかの社会問題について、まずその原因を究明し、その**根本原因（the root cause）** は何かを突き止める必要があります。そして次に、もし問題が解決できずに、事態が改善されないまま続けばどういうことになるかという**最終結果（the end result）** を推論する必要があります。この根本原因と最終結果の徹底予測に基づいて、その打開策が割り出されていくわけです。このように、問題解決のために、常に根本原因を考える習慣をつけることは非常に重要です。そしてさらにそれを素早くできるように訓練していきます。

　さて以上で、エッセイライティングと二次試験のスピーキングにおける"logical thinking & problem-solving（論理的思考力と問題解決力）"の重要性をわかっていただけたと思いますので、今度は、両者で出題される分野とトピックについて見ていきましょう。

英検1級 頻出分野はこれだ！

英検1級2次試験 過去問頻出分野ランキング（1997〜2015）

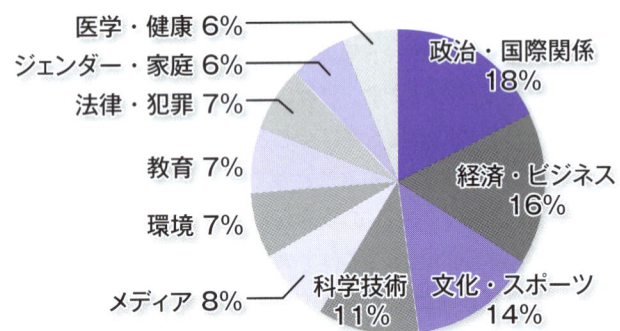

　かつては、社会問題とパーソナルトピックの2択であったが、1997年に、今の社会問題のみ5択に代わってから18年が経過しました。そのトピック分析と過去3年間のトピック分析を比較してみましょう。

第1位　政治・国際関係
過去18年では18%であったが、過去3年では25%にUP
民主主義をはじめとする政治制度の検証 世界平和の実現性やテロ対策 南北問題 日本の役割 などがよく狙われている。

第2位　経済・ビジネス
過去18年では16%で、過去3年でも16%と変わらず
グローバル化の影響 資本主義の功罪 ビジネス倫理とCSR 雇用制度と所得格差問題 税制問題 などがよく狙われている。

第3位　文化・スポーツ
過去18年では14%であったが、過去3年では、オリンピック開催の影響か16%へとUP
伝統文化保護の意義 オリンピック開催の是非 スポーツ［アート・宗教などの］役割 多文化・異文化交流の意義 などがよく狙われている。

第4位 科学技術

過去18年では11%で、過去3年でも12%と変わらず
遺伝子工学の功罪　エネルギー問題解決法　宇宙開発の是非
科学技術進歩の功罪　などがよく狙われている。

第5位 メディア

過去18年では8%であったが、過去3年では9%と変わらず
インターネットの功罪　広告の功罪
メディア倫理（プライバシーの侵害・メディア・バイオレンス問題・報道の正確さ）などがよく狙われている。

第6位 環境

過去18年では7%であったが、過去3年では10%にUP
温暖化対策　環境保全努力　動物実験の是非　原生保護問題
生物多様性の意義　などがよく狙われている。

第6位 教育

過去18年では7%であったが、過去3年では5%へとダウン
青少年の非行と人格教育の意義　カリキュラムの実用性
親と教師の教育上の役割　などがよく狙われている。

第6位 法律・犯罪

過去18年では7%であったが、過去3年では4%へとダウン
犯罪の原因と対策　死刑の是非　銃所有の是非　などがよく狙われている。

第9位 ジェンダー・家庭

過去18年では6%であったが、過去3年では2%へとダウン
男女平等の意義と障害　家庭の意義　少子高齢化社会問題　などがよく狙われている。

第10位 医学・健康

過去18年では6%であったが、過去3年では1%へとダウン
医療（制度）改革　安楽死問題
予防医学（食事療法・代替医療・ストレス解消）の意義　などがよく狙われている。

英検1級 エッセイ過去問頻出分野ランキング (2004〜2015)

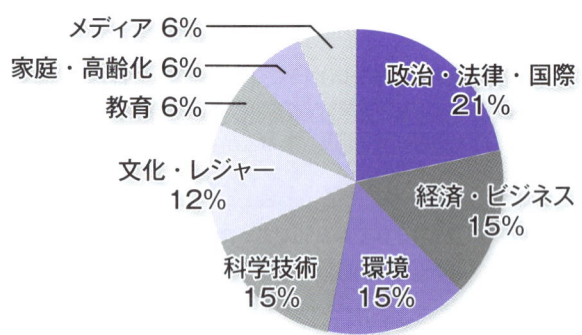

◎**第1位　政治・法律**　南北問題や犯罪対策が重要

- 世界の貧困・飢餓対策
- 食糧問題
- （効果的）犯罪対策
- 日本の世界での役割
- 途上国援助の是非
- 青少年犯罪者への処罰法

◎**第2位　経済・ビジネス**　経済のグローバル化が重要

- 自由貿易の是非
- 都市化の是非
- 多国籍企業の役割
- 労働倫理
- 職業選択条件

◎**第2位　科学・技術**　クローニングなど先端技術の是非が重要

- クローン技術の功罪
- 原子力発電推進の是非
- GMOの功罪
- 宇宙開発の是非
- テクノロジー依存度愛の検証

◎**第2位　環境**　自然環境保護に関するトピックが重要

- 水不足問題
- 原生保護問題
- 動物の権利問題
- 食糧問題
- 公共の交通機関の意義

◎**第5位　文化・レジャー**
キャラクターに関するトピックが重要

国民性の意義、国際競技開催の是非、ギャンブルの是非、対人関係の衝突解消法

◎**第6位　教育**
現在の教育体制の検証が重要

大学教育の是非、倫理観低下の検証

◎**第6位　家庭・高齢化**
少子高齢化対策が重要

少子化対策、高齢化社会問題

◎**第6位　メディア**
メディアの問題点とその対策が重要

メディアの影響の功罪、インターネット規制の是非

◎**複合型問題**

未来の人間による現代社会を批評、世界の安全対策

「トピック分析ダイアグラム」

第1章 面接の準備

英検1級でよく出題される9つのジャンルについて、重要なトピックをひと目で把握し、頭を整理することができるダイアグラムを作成しました。スピーチ作成の際に役立ててください。

「政治・国際関係」の重要トピックの全貌はこれだ！

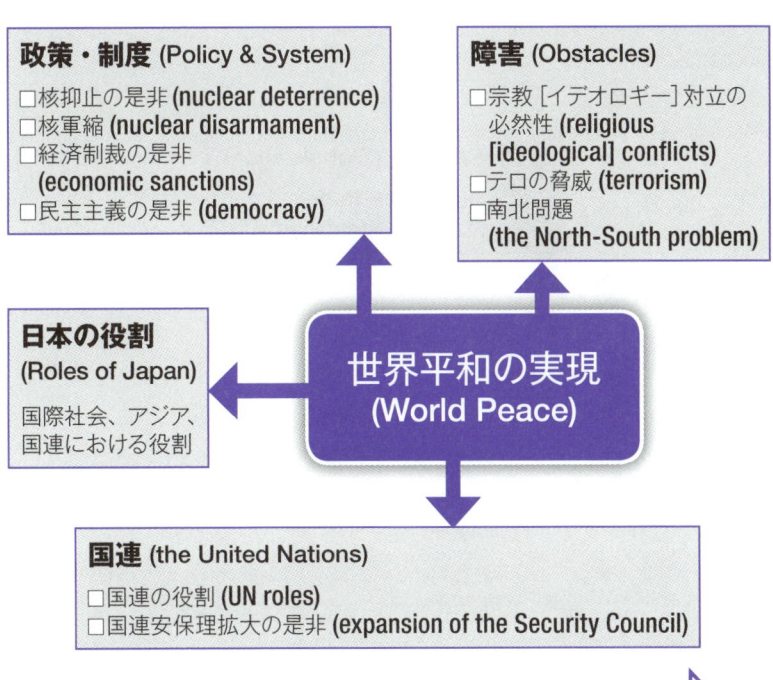

政治・国際関係の討論では、世界平和の実現の障害と、それに対する様々な打開策の是非について意見をまとめておく必要があります。そして世界平和実現のために、日本と国連はどのような役割を担い、いかに取り組むべきかについても、英語でスピーチ・コメントができるようにしておきましょう。

「経済・ビジネス」の重要トピックの全貌はこれだ！

経済問題 (Economic Problems)
- ☐ 財政赤字問題 (fiscal deficit)
- ☐ 失業問題 (unemployment)
- ☐ 所得格差 (income disparity)
- ☐ 資本主義の問題点 (problems with capitalism)

打開策 (Countermeasures)
- ☐ 雇用政策 (employment policies)
- ☐ 税制改革 (tax reform)
- ☐ 政府の企業支援 (government bailout)

グローバル化 (Globalization)
- ☐ 貿易自由化 (free-trade)
- ☐ アウトソーシング (outsourcing)

経済・ビジネス問題の討論では、経済のグローバル化と貿易の自由化や資本主義の功罪について意見をまとめておきましょう。また、雇用、財政、所得格差をはじめとする様々な経済政策や問題の是非や打開策についても、英語でスピーチ・コメントができるようにしておきましょう。

「教育」の重要トピックの全貌はこれだ！

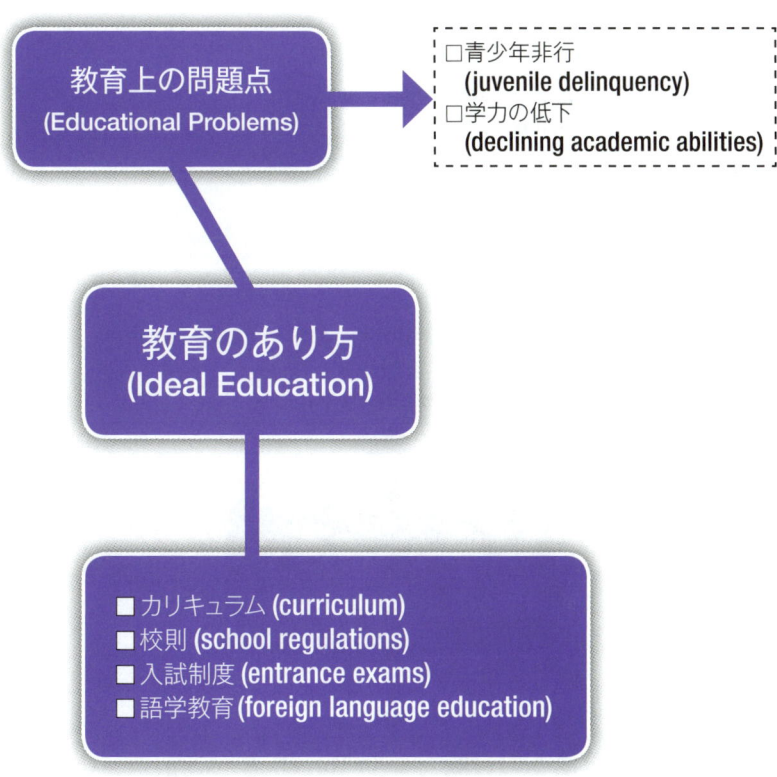

教育問題のスピーチ・討論では、青少年非行や学力の低下など「教育の問題点」の原因を考え、その打開策につながる「理想的な教育の在り方」を、校則、カリキュラム、入試制度、語学教育の見地から、意見をまとめておきましょう。

「医学・健康」の重要トピックの全貌はこれだ！

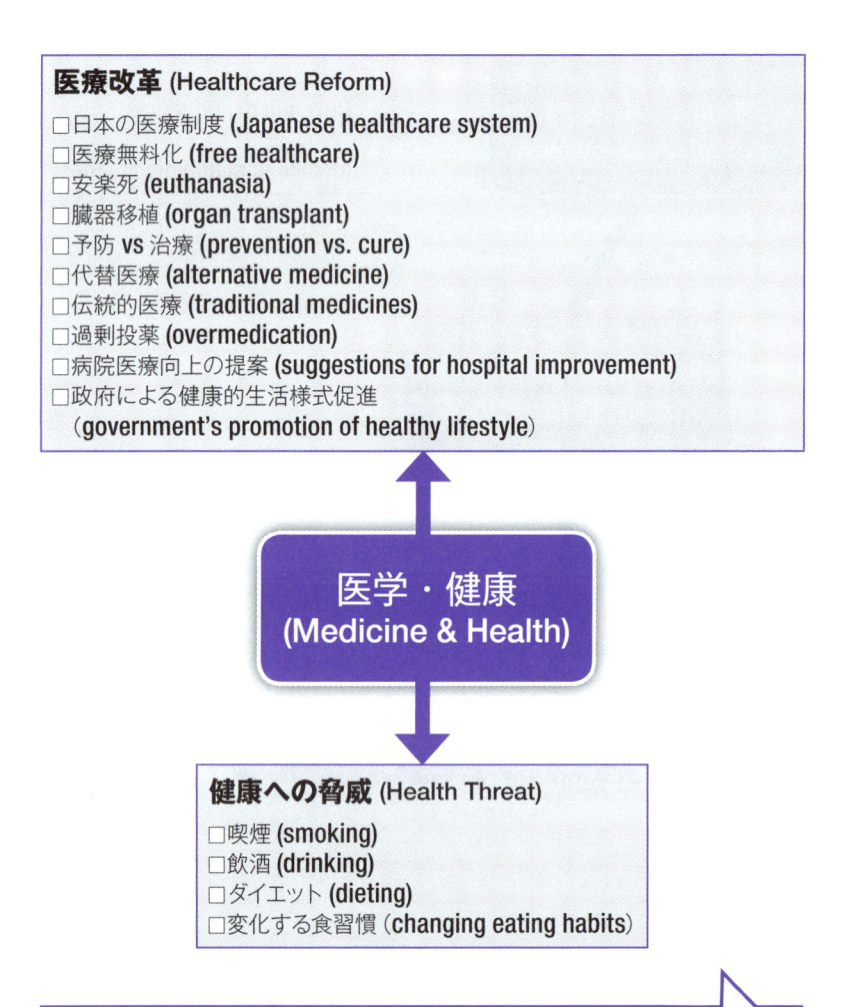

医療改革 (Healthcare Reform)
- ☐ 日本の医療制度 (Japanese healthcare system)
- ☐ 医療無料化 (free healthcare)
- ☐ 安楽死 (euthanasia)
- ☐ 臓器移植 (organ transplant)
- ☐ 予防 vs 治療 (prevention vs. cure)
- ☐ 代替医療 (alternative medicine)
- ☐ 伝統的医療 (traditional medicines)
- ☐ 過剰投薬 (overmedication)
- ☐ 病院医療向上の提案 (suggestions for hospital improvement)
- ☐ 政府による健康的生活様式促進
　（government's promotion of healthy lifestyle）

医学・健康 (Medicine & Health)

健康への脅威 (Health Threat)
- ☐ 喫煙 (smoking)
- ☐ 飲酒 (drinking)
- ☐ ダイエット (dieting)
- ☐ 変化する食習慣 (changing eating habits)

医療・健康についてのスピーチ・討論では、「日本の医療（制度）改革」、特に、医療費問題、安楽死問題、臓器移植、予防医学（食事療法・代替医療・禁煙・ストレス解消）の意義などの点において、意見を言えるようにしておきましょう。

「科学技術」の重要トピックの全貌はこれだ！

第1章 面接の準備

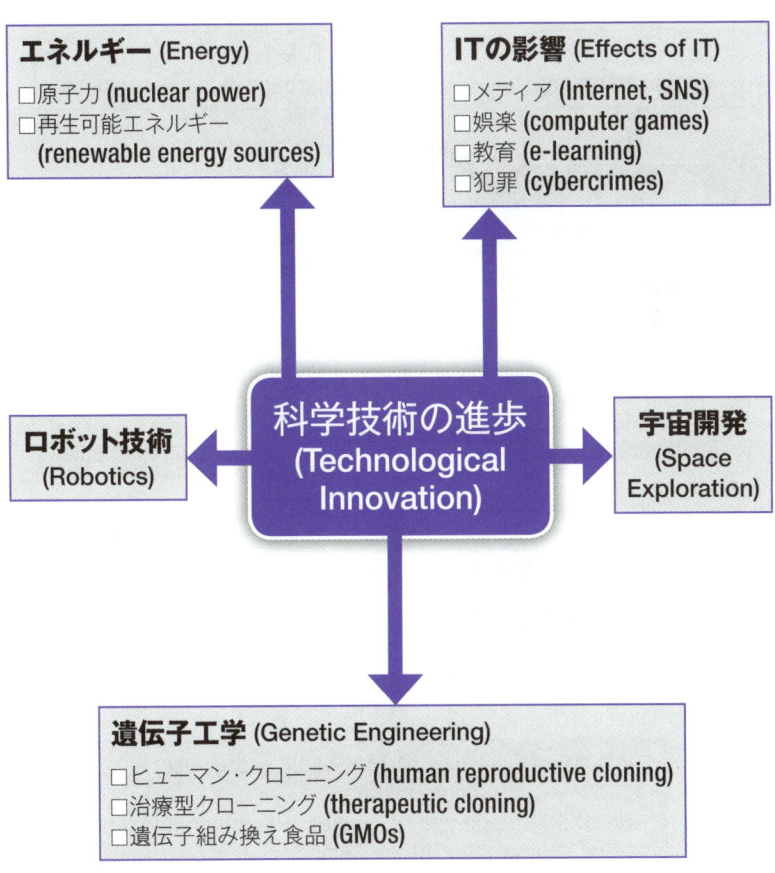

「科学技術」問題のスピーチ・討論では、「科学技術の進歩」が、エネルギー問題、宇宙開発、インターネット、遺伝子工学、ロボット工学、メディア、教育、医療などの分野で、どのような形で現れ、どのような利点（マイナス面）をもたらしているかについて、英語で言えるように意見をまとめておきましょう。

「環境」の重要トピックの全貌はこれだ！

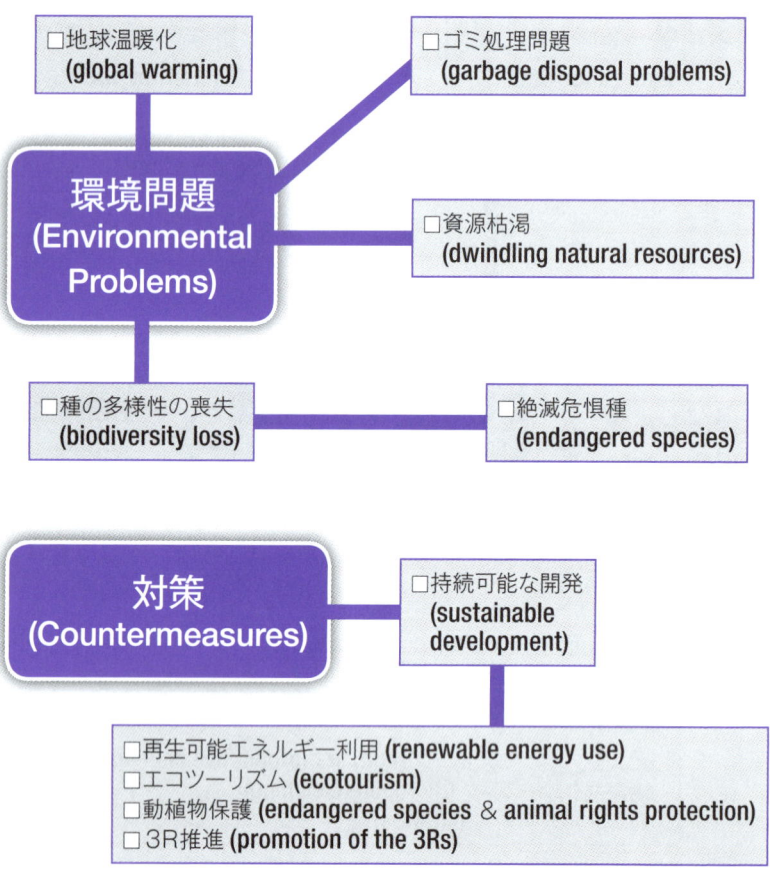

環境問題のスピーチ・討論では、今問題になっている様々な環境問題を明確に理解し、その対策として、持続可能な開発、地球温暖化対策、再生可能エネルギーへの移行、3Rの推進、夏時間の導入、絶滅危惧種保護、エコツーリズムのなどの是非について論議できるようにしておきましょう。

「文化・スポーツ」の重要トピックの全貌はこれだ！

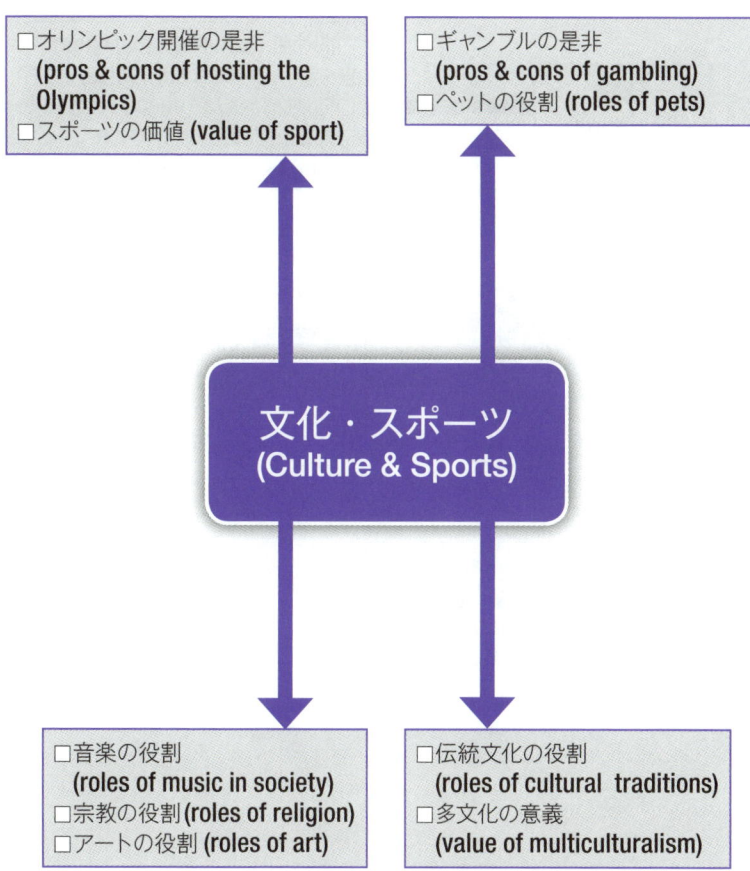

文化・スポーツのスピーチ・討論では、伝統文化の役割や伝統文化保護の意義と、それと関連して多文化・異文化交流の意義などについて意見をまとめておくと同時に、オリンピック開催の是非、スポーツ［アート・宗教などの］役割なども重要なので、必ずスピーチ・コメントができるようにしておきましょう。

「ジェンダー」の重要トピックの全貌はこれだ！

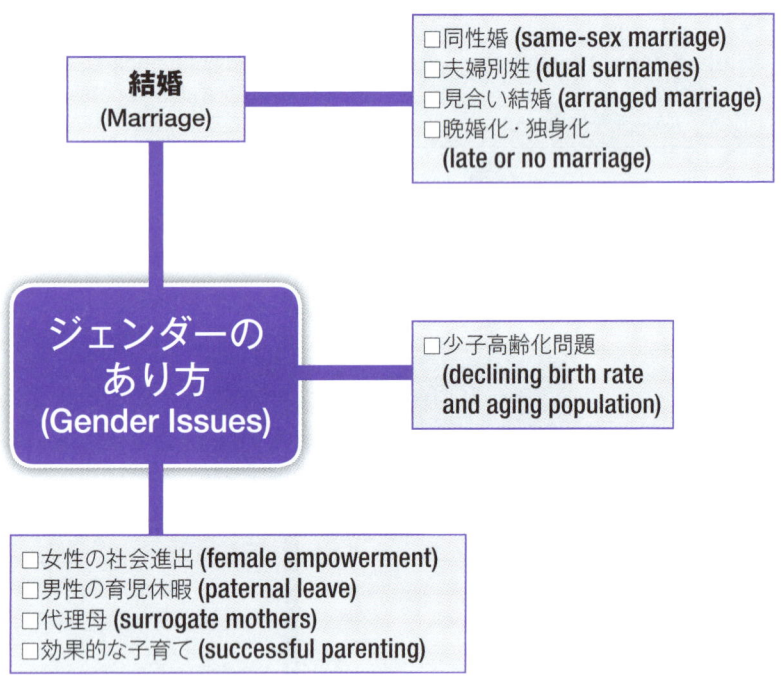

結婚・家庭問題をスピーチ・討論では、すべてのトピックの基盤となっている、「ジェンダー」についての明確なスタンスを持ち、女性の社会進出、晩婚化、男性の育児休暇、同性婚、効果的な子育てなどに関する意見をまとめ、またそれらと「少子高齢化とその対策」に関する意見が矛盾なく述べられるようにしておきましょう。

「メディア」の重要トピックの全貌はこれだ！

- □ マスメディアの是非
  (pros and cons of the roles of the mass media)

メディアの影響 (Positive & Negative Effects)

- □ 経済・ビジネスへの影響
  (benefits to business)
- □ 政治への影響
  (effects on politics)
- □ 文化への影響
  (effects on culture)
- □ 広告の功罪
  (pros and cons of advertisement)

メディアの問題点 (Problems with the Media)

- □ メディアバイオレンス
  (media violence)
- □ デジタルデバイド
  (digital divide)
- □ 情報漏洩
  (leakage of information)
- □ 著作権の侵害
  (copyright violation)
- □ プライバシーの侵害
  (privacy violation)

メディアは、その功罪と言う大きなトピックに始まり、次に個別の「影響」「恩恵」「弊害」を問うトピックへと枝分かれしていきます。また、弊害に対する対策や、メディアの将来（特に電子メディアやインターネットの）に関するトピックも重要なので、それらに関して意見をまとめておきましょう。

第1章　面接の準備

「エッセイライティング&二次面接試験の攻略法」

エッセイライティング問題スコアUP法はこれだ！

　さて今度は、具体的にエッセイライティングと二次試験の個別の攻略法を述べていきましょう。

　まずエッセイライティングですが、問題の配点がリスニング問題同様に、113点満点中28点と高く、このセクションのスコアが合格の決め手になってきています。スコア的には、14～16点はかなり悪く、18～20点は普通で、22～24点はかなり良い、の大きく3段階に分けることができます。そして攻略法を学び、きちんとトレーニングを受ければ最もスコアUPしやすいセクションでもあり、集中的トレーニングによって比較的短期間に6点ぐらいはUPすることができるでしょう。また、**エッセイライティングのスコアは、二次試験の合格率とも連動している**ので、是非、何度受けても最低20点は取れるようにトレーニングをしておきましょう。その攻略法は大きく次の5つに分かれますます。

❶ トピックを見て、賛成か反対か自分の立場を決め関連するキーワード［アイディア］を3つ考え出す

　的を射たキーワード［キーアイディア］が考え出せれば、エッセイは半分書けたも同じ。この判断力とキーセンテンスの作り方がスコアUPの決め手。判断力と背景知識の有無もテストされています。

❷ イントロ、ボディー（理由を3つ）、結論を含めて必ず5つ以上のパラグラフで書く

　唐突に理由から始めるのではなく、イントロでは現状分析を述べてからボディへと進み、最後に結論を書くこと。イントロで書く現状分析の情報が無ければ、本書の第2章にある<u>テンプレート</u>を用いて書いてください。また、結論部では、bodyで書いた事柄のサマリーを句でまとめ、今後の課題などを書くのが理想ですが、時間が無ければ前者だけにします。

　実際、TOEFL（300語以上）やIELTS（250語以上）などの場合では、イントロや結論を凝ることができますが、英検の200～240語エッセイでは、bodyを充実させようとすると、それは時間的にも字数的にも苦しいので、エッセイのクオリティーは少し下がっても、この2分間スピーチに最適なシンプルパターンを用いるのが効果的です。時間以内に凝ったイントロや結論を作る余裕もなく、しかも、bodyが充実していれば26点は取れるので、2分間のプレゼンに最適なこのシンプルパターンをエッセイに用いるのは非常に合理的です。本書でも、<u>エッセイと二次試験の同時対策</u>としてこのシンプルパターンを採用しています。

❸ 各パラグラフの頭はポイントから始め、それを必ずサポートする

　よくFirstと書いてから、ポイントを述べずに詳細やその関連情報を述べる人がいますが、ポイントから始め、それをサポートする事だけを書き、<u>決してミスマッチ（関係の無い新情報）しない</u>ようにしましょう！

④ 語数制限が200〜240語ぐらいなので、210語前後でまとめる

　長く書くとそれだけ時間がかかり、他の問題にかける時間が少なくなります。雛形を使ってイントロと結論でそれぞれ30語の計60語ぐらい書き、それぞれ50語ぐらいずつのパラグラフを3つ作って完成。自分の字の大きさでは1行に何語ぐらい書けるかを知っておき、数えなくても210語前後に収まるのが理想です。

⑤ 書いた原稿を必ず見直し、その時間を含めて必ず25分以内に仕上げる

　殴り書いてそのまま提出すると、ほとんどの場合非常にミスの多い作文となるので、2分でキーアイデアを構築し、20分で書いて、それを2分で校正できるようにすれば、試験全体のスコアも伸びるでしょう。それができなければ、3分でキーアイデア構築、24分で書き、3分で校正できるよう訓練しましょう。

　日本語のエッセイは、つれづれなるままに書いて話が流れていって、何が言いたいのかはっきりしなくてもいいのですが、英語のエッセイではそういったものは「散漫（rambling）」といって、いちばん悪い評価がされます。何度も申し上げているように、ポイントを明確に述べて、それをサポート、例証する必要があるのです。そして、必ず1パラグラフに1つのポイント（キーアイディアと呼ばれる）とその証明（supporting details [illustrations]（例証を述べる）をするようになっていますが、これが日本人にはなかなかできません。事実、サポートを述べず新情報を述べたり、ポイントから述べずにサポートから述べたりして、何を述べているのかわかりにくくなってしまう場合が非常に多く見られます。

　また理由（ポイント）が2つある場合は、First(ly), The first reason is that 〜（第1に）、Second(ly) [The second[Another] reason is that 〜]（第2に）というふうに整理して書く必要があります。これをしないと、ポイントがオーバーラップする可能性が高まります。

二次面接対策

　一方、二次のスピーキング試験の方は、5つの社会問題トピックを与えられ、1分間準備時間を与えられた後、2分間スピーチを行い、その後試験官とのQ&Aセッションが数問あります。スピーチでは、1分の準備時間内に、**15秒でトピックを選び、残りの45秒でスピーチのポイントを2つか3つ、英語で、箇条書きで考えておく**必要があります。イントロと結論部は雛形を用いて述べ、body に関しては、ポイントを例証すればいいわけです。

　質疑応答に関しては、試験官の質問に対して、ポイントがそれることなく、的確に答えることが非常に重要です。ところで、最近の二次試験の傾向としては、**トピックが細かく（specific）** なっているので、トピックからそれないようするために、準備していたスピーチの応用を利かせて、それに合わせるように即座に修正を加える必要があります。本書では、比較的汎用性の高い、general なトピックを選び、Q&Aトレーニングでもトピックのレパートリーを増やせるように工夫しました。

　また何らかの質問に対する答える時は、英検1級では**30秒ぐらい、1分間に120語以上のスピードの、流暢で論理明快な英語を話せる**のが高得点合格者の条件になっています。概して、欧米人は質問に対して答えが長くなりがちで、interrupt でもしない限り、早口でしばしまとまりが悪く、1分以上も話す人が多いようですが、それに対して日本人は、日本語でさえも短くぽつんと一言述べて終わりという人が非常に多いようです。例えば「日本では何故、男性社員が育児休暇を取りたがらないのですか？」という質問に対して、「そりゃ取りにくいムードが会社に漂っているからだ（5秒）」と言うだけで何のサポート・例証も無いといった日本人が多いのですが、そういったコミュニケーション形態が習慣になっている日本人は、英語の勉強を通じて流暢に話せるようトレーニングする必要があります。

　また、質問に対してはダイレクトに答え、specific（ある点を問う）質問には、specific な答えをし、ポイントとその説明で合計30秒ぐらいを**120wpm** ぐらいの速さで話せば、聞き手にわかりやすい模範的な答え方になります。

最悪なのは、ポイントを述べずに1分以上もだらだらと、その「周辺の状況説明」をすることで、そうなると「ポイントだけを言ってほしい」とか、「私の質問に答えていない」というそしりを免れません。相手の質問に対して、的確にダイレクトに答えるのが大切です。

　こういったスピーキング能力をテストする英検1級の2次試験に合格するタイプの人としないタイプの人を比較してみましょう。不合格者、つまりスピーキングの下手な人は、リスニングが弱く、アーギュメントのポイントが弱く、背景知識に欠け、話にまとまりが無く、ポイントがはっきりしない人です。逆にスピーキングのうまい人は、リスニング力が高く、話者のポイントを素早くつかみ、アーギュメントのポイントは強く、それをうまくサポートし、話がそれることなく引き締まった英語を話せる人です。

　最後に、こういったQ&Aやアーギュメントの展開に欠かせないのが、**社会情勢に関する問題意識**です。自分の意見を英語ですぐに述べられるようになるには、日頃から日本の新聞や時事情報誌、時事解説番組、タイム、英字新聞、CNNニュースなどで情報のアンテナを広く張り巡らし、できれば入手した情報を分析しておくことです。さらに、前述の"logical analysis（論理的分析）"の能力を発揮して、コメントを述べる練習をすれば理想的です。

　さて、以上で英検1級突破のための、スピーキング・ライティング力UPのための攻略法はわかっていただけたと思います。今度は、エッセイライティングや面接試験で論理的な英語を発信できるようになるために最低必要な表現を身につけていきましょう。

第2章

短文練習

CD 04 → CD 12

　機能別に分類された、英検1級の面接で役に立つ、テンプレートの短文フレーズを、瞬間的に言えるようになる練習を行います。何度も繰り返して練習しておけば、本番で必ず役に立ちます。

Unit 1 イントロに効果的な表現

エッセイやスピーチの導入に使える7つのフレーズです。日本語を見て英語で言って（書いて）みましょう。

☐☐ **1** 原子力発電を推進するかどうかについてはよく議論の的となる。

→ **(highly) controversial issue**
（大いに）議論の的となる問題

☐☐ **2** 同性婚が合法化されるべきかどうかについては、たくさんの考察や審議がなされてきた。

→ **same-sex marriage** 同性婚
legalized 合法化する

☐☐ **3** 世界中の若い人々の間で、留学する傾向が強くなっている。

→ **a growing tendency toward**
〜の傾向が強くなる

☐☐ **4** メディアが有名人の私生活を過剰に報道しているという認識が高まっている。

→ **a growing awareness**
認識が高まっている
give too much coverage
過剰に報道する

Unit 1

1
It is a (highly) controversial issue whether or not nuclear power generation should be promoted.

ポイント 程度によってone of the (most) controversial issuesも使える。

2
There have been a lot of discussions and debates about whether or not **same-sex marriage** should be **legalized**.

ポイント 論争程でないときに使える表現で、have been oftenも使える。

3
There is a growing tendency toward studying abroad among young people in the world.

ポイント a growing tendency that S + V の形でも使われる。

4
There is a growing awareness that the mass media gives too much coverage to the private lives of famous people.

ポイント a growing awareness among ~ は、人であれば「~の間で認識が高まっている」。

第2章 短文練習

5
科学技術のおかげで学生が様々な種類の情報を迅速に入手できるとよく指摘されている。

➡ **It is often pointed out that**
〜としばしば指摘されている

6
年功序列制度には利点と欠点があるが、私は以下の3つの理由で利点の方が欠点よりも優っていると考える。

➡ **There are both advantages and disadvantages**
メリットとデメリットの両方が存在する
a seniority system 年功序列制度

7
ナショナルアイデンティティが今日の国際社会で重要でなくなってきていると主張する人もあれば、そうでない人もいる。個人的に私は、以下の2つの理由から、ナショナルアイデンティティが重要性を失いつつあると思う。

➡ **global society** 国際社会

Unit 1

5
It is often pointed out that science and technology allow students to obtain various kinds of information very quickly.

> ポイント→ it is generally believed that ～や it is widely known that ～も覚えておこう。

6
There are both advantages and disadvantages to the seniority system**, but** I think that **the advantages outweigh the disadvantages for the following three reasons.**

> ポイント→ 強調する場合は、far outweigh という。

7
Some people argue that national identity is becoming less important in today's global society, **and other people don't. Personally, I believe that** national identity is losing its importance **for the following two reasons.**

> ポイント→ Some people ～, and other people don't. 型のイントロは、単独で使うこともできれば、前のページの There have been a lot of discussions and debates about ～ に続けて使うこともできる、汎用性の高いひな型。

Unit 2 因果関係・要因を表す表現

「何かが原因で○○が起こった」のような5つのフレーズです。日本語を見て英語にしてみましょう。

☐☐ 1　個性の成長をほとんど重要視しない試験中心の教育は、青少年の非行を引き起こす主な要因である。

➡ **exam-centric education** 試験中心の教育
　character development 個性の成長

☐☐ 2　世界飢餓は、テロリズムの根本原因であり、テロリストの襲撃よりも広範囲に及ぶ影響を世界に及ぼしている。

➡ **far-reaching effects** 広範囲の影響

☐☐ 3　クローニングは遺伝子を優生学的思想で操作することに繋がり、生物多様性を失わせることになりうる。

➡ **eugenic** 優勢(学)の
　manipulation 巧みな操作
　biodiversity 生物多様性

☐☐ 4　スポーツはチーム精神と自制心を育み、子供たちの精神面の成長に寄与している。

➡ **a team spirit** チーム精神
　a sense of discipline 自制心；規律意識

☐☐ 5　原子力事故は、再生可能エネルギーに対する世間一般の認識に大きな変化をもたらした。

➡ **public awareness** 世間一般の認識
　renewable energy 再生可能エネルギー

Unit 2

1
Exam-centric education with little emphasis on **character development** is a major contributing factor in causing juvenile delinquency.

> ポイント➡ contributing factor は「要因」で、one of the (major) contributing factors in (causing) ともいえる。

2
World hunger is the root cause of terrorism, which **has more far-reaching effects on** the world than terrorist attacks.

> ポイント➡ the root cause (根本原因) の反対は the end result (最終結果)。

3
Cloning will lead to the **eugenic manipulation** of genes, which can undermine **biodiversity**.

> ポイント➡ cause は「直接の原因となり主に悪いことを引き起こす。lead to は「ある期間を経て結果を引き起こす」弱い因果関係を表す。

4
Sports contribute to children's mental growth by developing **a team spirit** and **a sense of discipline** among them.

> ポイント➡ contribute greatly to [toward] とすれば強調できる。

5
Nuclear accidents have brought about a drastic change in **public awareness** about **renewable energy**.

> ポイント➡ bring about はある状況に「変化をもたらす」時に用いる表現で、bring about a decrease[an increase / improvement] in 〜のように使う。

第2章 短文練習

Unit 3 影響・結果を表す表現

薬や気候など「何かに影響する」という表現を身につけましょう。日本語を見て英語にしてみてください。

☐☐ 1 　倒産や失業は起業家や会社員のセルフ・イメージに衝撃的な影響を及ぼす。

➡ **self-image** 自己像

☐☐ 2 　ステロイドのような運動効果を高める薬は、人体に有害な影響を及ぼす。

➡ **performance-enhancing drugs** 運動能力向上薬

☐☐ 3 　効果的な対抗策が採られない限り、気候変動は全ての生命体に悲惨な結果をもたらすであろう。

➡ **countermeasure** 対抗策
　dire consequences 悲惨な結果

Unit 3

1. **Bankruptcy or job loss has a devastating impact on entrepreneurs or business people's self-image.**

   ポイント➡ このほかにも profound や tremendous（大きな）、positive（いい）、negative（悪い）impact なども使えるようにしよう。

2. **Performance-enhancing drugs like steroids have a harmful effect on the human body.**

   ポイント➡ adverse のほかに far-reaching（広範囲の）や damaging、detrimental（害になる）、ripple effect（波及効果）も使えるようにしよう。

3. **Climate change will have dire consequences for all living creatures unless effective countermeasures are taken.**

   ポイント➡ have consequences [implications（予想される影響）] は、前置詞は on ではなく for を用いる。

Unit 4 重要性を示す表現

何かの重要性を伝えるフレーズ4つを、日本語を見て英語で言って（書いて）みましょう。

☐☐ 1 日本は、核爆弾の唯一の被爆国として、核の撤廃を進める上で、重要な役割を果たすべきである。

➡ **the sole victim of atomic bombings**
核爆弾の唯一の被害者

☐☐ 2 親身になって話を聞くことは、良い夫婦関係や親子関係を築くための重要な要素である。

➡ **the key ingredient of** 〜重要な要素
marital 夫婦間の
parent-child relationship 親子関係

☐☐ 3 政治の不祥事報道のケースを除いて、個人のプライバシーは民衆の知る権利よりも重要である。

➡ **the public right to know**
民衆の知る権利
political corruption 政治の腐敗

☐☐ 4 核軍縮の努力は政治的に絶対必要である。

➡ **nuclear disarmament efforts**
核軍縮努力

Unit 4

1
Japan should play a vital role in promoting nuclear disarmament as **the sole victim of atomic bombings.**

ポイント➡ vital は extremely important のことで、important, key, pivotal などで言い換え可能。

2
Empathetic[empathic] listening is the key ingredient of successful **marital and parent-child relationships.**

ポイント➡ key element, essential ingredient とも言う。

3
Individual privacy outweighs **the public right to know** except in the case of coverage of **political corruption.**

ポイント➡ 条件付き (conditional) で意見を述べる言い方。

4
Nuclear disarmament efforts are a political imperative.

ポイント➡ 「経済的[道徳的；環境的]に絶対必要なこと」なら、economic [moral / environmental] imperative という。

Unit 5 両面性・ジレンマを表す表現

その善し悪しを単純化できないネタについて表現するフレーズを3つ、日本語から英語にしてみましょう。

□ □ **1** アルコール［賭博・わいせつ文書］は必要悪である。

□ □ **2** 原子力［クローン技術］は諸刃の剣である。

□ □ **3** 彼女の仕事と家庭［製品の品質と利益・福祉と経済発展］は両立しない。

➡ product quality and profit
　製品の品質と利益

Unit 5

第2章 短文練習

1
Alcohol [gambling / pornography] is a necessary evil.

ポイント➡ 日本語の「必要悪」と同じ発想。

2
Nuclear power [cloning technology] is a double-edged sword.

ポイント➡ great advantages と great disadvantages の両面があること。

3
There is a trade-off between her career and her family [product quality and profit / welfare and economic development].

ポイント➡ 「あちらを立てればこちらが立たず」の、両立しないものの「交換条件」のことを「トレードオフ」と言い、日本語になっている。

Unit 6 「示す」を表す表現

示す、紹介する、教える…何かを提示する7つのフレーズです。日本語を見て英語にしてみましょう。

☐ **1** 家事と職場の仕事をうまく両立させることによって、親というものは子に良い見本を示すことが出来る。

➡ **juggle A and B** AとBをうまくやりこなす

☐ **2** オリンピックの開催国になることで、自国のユニークな文化を紹介する絶好のチャンスを得る。

☐ **3** エコツーリズムは、大衆に自然保護の重要さを教える。

➡ **nature preservation** 自然保護

☐ **4** 親は子供が従うべき手本を示すロールモデルになるべきである。

➡ **serve as a role model** 模範となる

Unit 6

1 Parents can set a good example for their children by **juggling house work and office work.**

> ポイント➡ set a good example for 人 to follow は「〜の手本となる」を表す重要表現。

2 Hosting the Olympic Games gives the host country a great opportunity to showcase its unique culture.

> ポイント➡ showcase は良い部分を魅力的に見せる時に使う。

3 Ecotourism will **enlighten the** general **public about** the importance of **nature preservation.**

> ポイント➡ enlighten は educate でも言い換えられる。

4 Parents should **serve as role models** who set a good example **for** their children to follow.

> ポイント➡ serve as は is [become / work as] でも表現できる。

☐ 5 代替医療は、心身の総合治療が特徴で、人間の自然治癒力を高めることができる。

➡ **alternative medicine**　代替医療
　holistic treatment　全体間的治療
　natural healing power　自然治癒力

☐ 6 そのリーダーの政策は、実用主義を特徴とする国の政治の典型例である。

➡ **pragmatism**　実用主義

☐ 7 自分はもっと給料をもらう価値があると思う人が多いが、看護師はその典型である。

5. Alternative medicine is characterized by holistic treatment, which can enhance humans' natural healing power.

ポイント➡ 「〜の特徴は」と言うときの表現はこの be characterized [marked] by 〜を使う。

6. The leader's policy epitomizes the politics of the country marked by pragmatism.

ポイント➡ epitomize [=be an epitome of] は be a perfect example of の意味。このほか、a case in point（代表例）も覚えておこう。

7. Many people think that they deserve higher pay, and nurses are a case in point.

ポイント➡ a case in point は「典型例」を挙げる時の重要表現。

Unit 7 「促進・改善する」を表す表現

何かがよりよい状態になるという、10の表現を身につけましょう。日本語を見て英語にしてみてください。

☐☐ 1 二酸化炭素排出権取引は経済を向上させ、環境の悪化についての人々の認識を高めるだろう。

➡ **emission trading**
二酸化炭素排出権取引
environmental degradation
環境の悪化

☐☐ 2 女性が社会進出することによって、男女平等や女性の地位向上につながるだろう。

➡ **women's participation in paid work**
女性の社会進出
female empowerment
女性の地位向上

☐☐ 3 インターネットのおかげで他者との意見交換や情報交換がとても簡単になった。

➡ **an exchange of ideas and information** 考えや情報の交換

☐☐ 4 国連の主要な役割の一つは、世界平和への道を作ることである。

Unit 7

1
Emission trading will boost the economy and raise public awareness about **environmental degradation**.

ポイント➡ awareness は promote > raise > heighten > enhance の順に用いられる。

2
Women's participation in paid work will promote gender equality and **female empowerment**.

ポイント➡ この文脈の promote は help something to happen or develop の意味で、promote growth [development, industry, awareness] などと結びつく。

3
The Internet has greatly facilitated **an exchange of ideas and information** with other people.

ポイント➡ facilitate は make an action or a process possible or easier の意味で、facilitate growth [learning, communication] のように使う。

4
One of the major functions of the UN is to pave the way for world peace.

ポイント➡ pave the way for は「～を容易にする；～への道を開く」で、pave the way for success [reform / development / peace] のように用いる。

第2章 短文練習

☐ 5 コンピューターゲームの中には、子供の攻撃的振る舞いを助長させるものもある。

☐ 6 年功序列制度は社員の会社への忠誠心を高めるため、会社は熟練した人材を確保することが出来る。

➡ **the seniority system** 年功序列制度
skilled workforce 熟練労働者

☐ 7 学生主導型授業は生徒の授業への関心を高め、批判的思考力を高める。

➡ **student-oriented class** 学生主導型授業
critical thinking 批判的思考

☐ 8 芸術活動と運動は生活の質を高め、明日への英気を養う。

➡ **enhance the quality of your life** 生活の質を高める

Unit 7

5. Some computer games will encourage violent behavior among young children.

ポイント➡ この文脈での encourage は「激励する」ではなく、make more likely to happen or develop の意味で、encourage [industry / investment / the trend / growth / reform / competition] のように使う重要表現。

6. **The seniority system** allows companies to keep a **skilled workforce** because it enhances workers' **loyalty to their companies**.

ポイント➡ enhance は further improve the quality, value, status of sb / sth で、enhance the value [image, reputation, effect, performance, security] のよう使う。

7. Student-oriented classes will stimulate students' interest in class and **develop critical thinking** abilities.

ポイント➡ stimulate は make sth develop or become more active の意味があり、stimulate an interest [economy / activity / growth / competition / consumption] のように使う。

8. Artistic and athletic activities will enhance the quality of your life **while recharging your batteries**.

ポイント➡ recharge one's batteries は「バッテリーを充電する」から「元気・活力を取り戻す」になった表現。

9 さまざまな社会的背景を持つ人と交流することは、視野を広げ、対人能力を高める。

➡ interactions with　〜との交流

10 経済制裁は一般市民の苦しみを最小限にし、指導者への圧力を最大限にする。

➡ economic sanctions　経済制裁

Unit 7

9 **Interactions with** people with different social backgrounds will broaden your cultural horizons and **develop your** interpersonal skills.

> ポイント→ broaden [expand] sb's horizons は「知識・経験・考え方などの幅を広げる、つまり視野を広げる」こと。

10 **Economic sanctions** can maximize the pressure on the leadership, while minimizing the suffering of average citizens.

> ポイント→ maximize は「最大限にする」で、maximize the potential [profit / effect / probability / value] のように使う。これに対して minimize は「最小限にする」で、minimize the damage [risk / cost / danger / loss / burden / time] のように使う。

Unit 8 「ダメージ・阻止」を表す表現

弱体化、悪化、阻止、ダメージなどを表す10のフレーズです。
日本語を見て英語にしてみましょう。

☐☐ 1　保護貿易主義は世界規模の貿易や投資を妨げ、世界経済を弱体化させる。

　　➡ **protectionism**　保護貿易主義

☐☐ 2　学校の制服は生徒の画一化を進めるために作られたものであり、生徒の個性や創造性を損なう。

　　➡ **be designed to**　～することを目的とする
　　　　conformity　規則への服従
　　　　individuality and creativity
　　　　個性や創造性

☐☐ 3　アウトソーシングは、産業の空洞化を進め、国内の失業問題を悪化させる。

　　➡ **engender industrial hollowing-outs**
　　　　産業の空洞化が進む

☐☐ 4　放射性廃棄物は我々の世代と次世代の環境に深刻な脅威をもたらす。

　　➡ **radioactive wastes**　放射性廃棄物

Unit 8

1
Protectionism will discourage global trade and investment, thus undermining the global economy.

> ポイント➡ discourage は make sth less likely to happen で、discourage consumption [competition / growth / trade / investment] のように、encourage の反対の意味で使える。

2
School uniforms, which **are designed to** develop students' **conformity,** undermine the development of their **individuality and creativity**.

> ポイント➡ undermine は gradually make sb or sth less strong or effective で、undermine the position [strength / reputation / authority / economy] のように使う。

3
Outsourcing will **engender industrial hollowing-outs**, thus exacerbating domestic unemployment.

> ポイント➡ exacerbate は make a bad situation or a problem worse で、exacerbate the conflict [inequality / clash / gap / damage] のように使う。

4
Radioactive waste poses a serious threat to the environment for present and future generations.

> ポイント➡ pose a threat [risk / danger / problem / challenge / crisis / dilemma] のように、pose は問題をもたらす時に使われる。

第2章 短文練習

☐☐ 5 サイバーテロは社会の機能を麻痺させ、政府のシステムを停滞させ得る。

➡ **social dysfunction**　社会的機能不全

☐☐ 6 財政難に陥った大手企業に対する政府の財政支援は、政府の財政負担を増やすことになる。

➡ **government bailout**
政府による財政支援

☐☐ 7 ワークシェアリングは低賃金労働者を増加させ、結果的に労働者間の賃金格差を広げる。

➡ **work-sharing**　ワークシェアリング
low-income workers　低所得労働者

☐☐ 8 社会的・政治的混乱は、国家の安全を脅かすだろう。

➡ **social and political upheavals**
社会的・政治的混乱

Unit 8

5 Cyber terrorism can cause **social dysfunctions** and paralyze the government system.

> ポイント➡ paralyze は prevent sth from functioning normally で、paralyze the system [function / network / traffic / efforts] のように使う。

6 The **government bailout** for major companies in financial trouble will put a financial burden on the government.

> ポイント➡ make [become] a burden on ～は「～にとって負担になる」で、burden on one's family [future generations / the working population] のように使う。

7 **Work-sharing** will increase the number of **low-income workers,** thus widening the income disparity between workers.

> ポイント➡ widen は widen the gap between rich and poor のように使える。その反対は narrow the gap [disparity]（ギャップを縮める）。

8 **Social and political upheavals** will threaten the national security.

> ポイント➡ threaten は be likely to harm or destroy sth で、threaten the safety [survival / lives / health / existence / peace / economy] のように使う。

☐ 9 厳しい天候が被災地の救援活動を妨げた。

→ **a disaster-stricken area**　被災地

☐ 10 投獄で自由を奪われる脅威は、潜在的犯罪者が犯罪に走ることを阻止し得る。

→ **imprisonment**　投獄
　　potential criminals　潜在的犯罪者

Unit 8

9
The severe weather hampered rescue operations in **disaster-stricken areas.**

ポイント→ hamper は hinder the movement or progress of sth で、hamper the progress [development / process / recovery / growth] のように使う。

10
The threat of the loss of freedom through **imprisonment** can deter **potential criminals** from committing crimes.

ポイント→ deter (抑止する) は discourage sb from doing sth by instilling doubt or fear of the consequences で、deter crime [drug use / terrorism / war / violence] のように使う。

Unit 9 対策・打開策に関する表現

問題に対する打開策を示す、5つのフレーズを身につけましょう。日本語を見て英語にしてみてください。

☐☐ 1 地球温暖化の打開策の一つは、森林伐採や砂漠化を防ぐために、植林や森林の再生を促進することである。

➡ **afforestation** 植林 ／ **reforestation** 森林再生
　deforestation 森林伐採 ／ **desertification** 砂漠化

☐☐ 2 絶滅危惧種の密猟・密輸に対して厳しい規制を課すことが重要である。

➡ **poaching** 密猟
　smuggling 密輸
　endangered species 絶滅危惧種

☐☐ 3 政府は年金支給年齢を引き上げ、年金支給額を減らす必要があるだろう。

➡ **pension eligibility** 年金支給資格

☐☐ 4 大学教育は、ますます国際化する社会の要求を満たすために十分実践的ではない。

☐☐ 5 原子力は、二酸化炭素の排出量を劇的に削減することによって、地球温暖化を緩和し得るクリーンなエネルギーである。

Unit 9

1 One of the **countermeasures for** global warming is to promote **afforestation and reforestation** to prevent **deforestation and desertification**.

> ポイント➡ countermeasure（対策）とは an action taken to counteract a danger or threat の意味を表す必須表現です。

2 It is very important to **impose strict regulations on** the **poaching and smuggling of endangered species**.

> ポイント➡ impose（課す）は、impose a [penalty / punishment / tax / ban] のように使う。

3 The government will have to **raise the age of pension eligibility** and **decrease the amount of pension provision**.

> ポイント➡ 「年金支給年齢」は the starting age of pension provision。

4 College education is not practical enough to **meet the needs of** increasingly globalizing society.

> ポイント➡ meet（合う；満たす）は meet the demands [requirements / conditions / schedule / deadline / target / standard] のように幅広く使える。

5 Nuclear power is a clean energy that can **alleviate** global warming by dramatically reducing CO_2 emissions.

> ポイント➡ alleviate は make suffering or a problem less severe or difficult to deal with で、alleviate the shortage [burden / damage / pain / threat] のように使う。

第2章 短文練習

二次試験合格体験記

N・Yさん 二次試験は２回目のチャレンジで合格できました。１回目は思いがけない一次試験合格の後で途方に暮れ、半分諦めモードの気持ちで受験し、不合格でした。選んだトピックが馴染みのある内容だったのですが、言うべきことがぼんやりとイメージとして浮かぶものの、却って言葉にはし難く、スピーチや質問において言葉不足、情報量不足になってしまいました。先生に二次試験の様子をお話しした時、直ぐに私の欠点を見抜いて下さり、改善すべき点もわからなかった手探り状態から、だんだん私の課題が見えてきました。

そこで、もう一度冷静に二次試験でよく出されるトピックについて論旨を整理してみることにしました。そうするうちに、どんなトピックでも大体いくつかのきまった結論に帰着することがわかり、話をそこへうまく導くことが重要なのだと気づきました。

２回目の二次試験では前回の教訓を活かし、客観的に意見を述べられるトピックを選び、面接委員の方々とのやりとりでは最後まで一貫して自分の立場を変えずに話すことができました。

私はこれまで「一生懸命努力すればいつの日か報われる時が来る」と信じてきました。アクエアリーズでは、目標に向かって頑張る場を提供していただき、そして良い結果に導いて下さいました。大人になってからこんなにも親身になって指導していただける機会は滅多にないことだと改めて感謝の気持ちでいっぱいです。現状に満足せず、これからも次の目標に向けて更に頑張りたいと思います。

H・Mさん 二次試験対策では、英語運用能力と合格に必要な時事問題の知識が欠けていることを実感しました。そこで、先生に教わった英検１級合格のためのノウハウを生かし、毎日、必ず寝る前に一本だけスピーチ練習をしました。また、移動中も自分の意見に反論された時は、どのデータや裏付けを使って反論仕返せばいいのだろうかと、トピック毎に考えていました。

実際の試験ではいちばん喋りやすそうなテーマを選び、話すときは単語や文法に気をつけました。最初は緊張していましたが、話していくうちに徐々に緊張がほぐれてきました。やはり焦らずに話すことが大事だったと思います。

ちまたでは、高校生で英検１級に合格できるのは、帰国生だけだと言われていますが、決してそんなことはないと思います。私は、中学で初めて英語に触れ、海外経験も皆無でしたが、努力次第でなんとか合格できました。英検１級を目指す皆様、ぜひ諦めないで努力し続けて下さい。

第3章

実践訓練

CD 13 → CD 87

　二次面接に向けた実践訓練をしましょう。よく出題される9つのジャンル（政治、経済、教育、医療、科学、環境、文化・スポーツ・レジャー、家庭・高齢化、メディア）ごとに学習できるので効率的です。

　まず最初にスピーチの訓練を、続いてQ＆Aの訓練をしますので、実際の面接と同じ順番で学べます。スピーチのうち5本については、詳細な添削がついていますので、日本人が陥りがちな弱点をしっかり把握し、対策をとることが可能です。

Unit 1 政治

貧困問題や日本の役割などといった、政治に関する2つのスピーチ／エッセイと6問のQ＆Aに挑戦しましょう。

- Write an essay on the given TOPIC.
- Give THREE reasons to support your answer.
- Structure : Introduction, main body, and conclusion
- Suggested length : 200 - 240 words

添削あり★ポイントがずれている例

Topic 1

Should the developed world help developing countries overcome poverty?

★先進国による発展途上国の貧困克服を助ける責任の義務の是非を問う政治に関するトピックです。2005年度第3回の英検にも出題されましたが、普段から国際情勢や政治について考えたり議論したりしていない人にとっては、かなりチャレンジングなトピックですね。でも大丈夫、これを機会に興味を持って自分の意見を論理的に述べられるように準備しておきましょう。

それではまず pro か con かのスタンスを決めて、次にポイントになる語句を考えてから、キーアイディアを作ってみましょう。

Unit 1

ポイントとキーアイディアを考えてみよう

【pro の場合】

□ peace and stability

途上国の国内不穏 (**civil unrest**) を軽減し、世界の平和と安定 (**global peace and stability**) のために貧困克服を助ける必要があります。そうですね、貧困は紛争やテロの主な原因ですからね。pro のキーアイディアで使えますね。

□ economic aid

勿論 pro のキーアイディアです。貧しい国に経済支援 (economic aid) を与えるという事で使えますが、これは貧困克服を助ける**理由ではなく方法**ですから、**理由をはっきりさせた上で**使いましょう。他のキーアイディア、例えば **peace and stability** などと組み合わせましょう。

□ multinational corporations

近年、発展途上国の市場に先進国の**多国籍企業 (multinational corporations)**がどんどん参入して利益を得ているので、助ける義務はあるでしょう。pro のアーギュメントで使います。

□ natural resources

歴史的には植民地時代に、また、最近でも多国籍企業の参入によって、先進国が発展途上国の天然資源や人材を**搾取 (exploitation) してきた償いのため**、途上国を助けるべきであるという、pro の強いアーギュメントになります。

□ the technology gap

ODA を通じて**技術格差 (the technology gap)** を埋めれば、世界経済の繁栄に繋がるという pro のアーギュメントができます。

【con の場合】

□ corruption

たとえ先進国が経済支援などで助けたとしても、腐敗した政府ではそれが役に立たないので助ける必要はないと con のアーギュメントになります。

第3章 エッセイ／スピーチ

サンプルを check！

添削あり★

それでは、次のサンプルを見てみましょう。右のページで添削と解説をしていますので、しっかり確認してください。

---

❶ More than one billion people, mostly in developing countries, are suffering from poverty. I think that advanced nations should help them break the vicious circle of poverty and make a great contribution to achieving this noble goal for the following three reasons.

❷ First of all, developed countries must atone for the civil unrest they caused in the past. The volatile situations in many poor African nations date back to the 19th when wealthy European countries divided the continent by the arbitrary man-made borders. Developed countries have funds and resources and they should use them for the peace of these countries because peace is the stable way to prosperity.

Unit 1

添削&解説

❶ イントロでは現状を書くのがよく、10億人以上の人が貧困に苦しんでいてそのほとんどは発展途上国の人々であると現状を述べ、先進国は「その貧困の悪循環を断ち (**break the vicious circle of poverty**)」、その「高潔な目標 (**a noble goal**)」の達成に大きく貢献すべきとするのはいいでしょう。

❷ この段落はどうでしょうか？ 論理的かどうか考えてみましょう。

先進国が発展途上国の**貧困克服を助ける責任**がある理由は、「過去に引き起こした市民の不安の償いをしなければいけないから (**atone for** the civil unrest they caused in the past)」、そして「その国に平和をもたらすために経済や資源を援助しなければいけない (they should use them for the peace of these countries)」と、話がトピックの"貧困 (poverty)"とのつながりには触れていませんね？

しかも2つのポイントを混同しています。「過去の償い (**atone for [=compensate for]**)」のためと「平和と安定 (**peace and stability**)」のためです。つまり、以下の2つのポイントに分けるべきです。

ポイント1は、過去の償いは、「植民地支配の時代の先進国 (**developed countries that previously colonized other countries**)」による発展途上国の「人材と資源の搾取への償い (**compensate for the past exploitation of people and natural resources**)」でしょう。そして「それが貧困の原因になった (**The past oppression is one of the reasons of poverty in developing countries.**)」ということも述べるべきです。

ポイント2は、現在「国内が不穏な状態 (**civil unrest**)」である発展途上国に、「平和と安定 (**peace and stability**)」をもたらすため「経済援助 (**economic aid**)」が必要だとし、「その理由は貧困が社会不安の主な原因であるから (**Since poverty is one of the root causes of civil unrests**)」と、**ポイントとサポートが常にトピックからずれていないか**を確かめて、論理的に述べましょう。

第3章 エッセイ/スピーチ

❸ Second, the developed world can help end corruption in developing countries. Humanitarian aid often ends in failure due to the corrupt government. For instance, it is highly likely that the authoritarian regime of an Asian country misappropriates funds of assistance for the indigent people. International organizations must ensure that humanitarian aid is used to improve the lives of ordinary citizens.

❹ Finally, multinational corporations have to play a key role in enhancing the quality of life in developing countries. They can hire local people living in poverty-stricken areas lacking remunerative jobs. Stable income and discretionary income enable those people to access food, clean water and medicine, which significantly improve their standard of living.

Unit 1

添削&解説

❸ 2つ目のポイントは、**corruption** でしょうか？ 先進国は、発展途上国の「腐敗をなくす手助けをする (help end corruption in developing countries)」べき、人道支援 (humanitarian aid) は「腐敗した政府のために失敗に終わることが多い (often ends in failure due to the corrupt government)」ということですか？

　もう一度トピックを考えてみましょう。**「貧困 (poverty) から救うために援助するべきか？」**に対し、これだと援助しても腐敗のため意味がないとなってしまいます。その後のサポートも「独裁政権 (the authoritarian regime of an Asian country)」が、「生活に困って人々のための援助金を着服してしまう (misappropriates funds of assistance for the indigent people)」など、本来 pro のアーギュメントをますます弱めてしまいます。これではこの段落は評価されません。

　トピックからずれていないか、イントロで述べたアーギュメントと合っているかを常にチェックすることを習慣づけましょう。

❹ 3つ目のポイントの、先進国の「多国籍企業は発展途上国の人々の生活の質を向上させる重要な役割を果たさなければいけない (multinational corporations have to play a key role in enhancing (improving) the quality of life in developing countries)」というのは、理由ではなく方法論で、トピックの質問の答えにはなっていません。もちろん「貧しい地域の人々に多くの仕事を与え (They can hire local people living in poverty-stricken areas)」、安定した収入で貧しい人々を救済できますが、先進国がその責任を負う理由は何でしょうか？ 過去に多国籍企業がその国の人材を搾取してきたからとすると、オーバーラップしてしまいますね。

　償い (compensation for) という倫理的な問題だけでなく実利的にも考えてはいかがでしょうか？

　多国籍企業 (multinational corporations) を通じて技術格差 (**the technology gap**) を埋めれば、発展途上国は先進国の取引先 (potential business partners) となり、世界経済の繁栄に繋がる (**for global economic prosperity**) というアーギュメントの方が強いでしょう。

第3章　エッセイ／スピーチ

❺ In conclusion, developed countries are ethically responsible for helping poor countries through eradicating corruption and hiring impoverished people.

添削&解説

❺ 結論は、先進国は「倫理的に責任を負うべきである(developed countries are ethically responsible)」とありますが、**倫理的**だけでなく**実利的な理由**も述べましょう。

例えば、1つ目のポイントは、「過去に搾取したことへの償い(**compensation for past exploitation**)」で、これは**倫理的**です。2つ目、3つ目は**実利的**に考えましょう。「市民暴動を安定させる(stabilize civil unrests)」ことは、それによって先進国も含めた「世界の治安が良くなり(**promotion of global stability**)」、3つ目の「技術格差(**the technology gap**)」を埋めることは、発展途上国ばかりでなく先進国にとっても **business partners** となることで利点があり、「世界経済の繁栄(**economic prosperity**)」に繋がります。結論では、この3つのポイントを句で述べましょう。

それでは、添削後のスピーチ／エッセイを見てみましょう。

More than one billion people, mostly in developing countries, are suffering from poverty. Under the circumstances, I think that the developed world should help developing countries overcome poverty for the following three reasons.

Firstly, developed countries that previously colonized developing countries must compensate for their exploitation of people and natural resources of the Third World. Since their past oppression of those countries is one of the reasons the Third World is in the state of poverty today, developed countries must help them overcome the problem.

Secondly, developed countries' economic aid to third world countries will promote global peace and stability. Since poverty is one of the root causes of conflicts and terrorism, helping developing countries to reduce poverty will help stabilize the international community, which eventually leads to world peace and stability.

Finally, developed countries' economic aid to the Third World will contribute to global economic prosperity. Their efforts to fill the technological gap through investment in the form of ODA will promote economic growth in developing countries, which in turn will lead to economic development of developed countries.

In conclusion, for the above-mentioned reasons, compensation for the past exploitation, and promotion of global stability and economic prosperity, I believe that developed nations should help developing countries overcome poverty.

全文訳

　世界では10億人以上もの人が貧困に苦しんでいるが、そのほとんどは発展途上国の人々である。このような状況において、私は以下の3つの理由から、先進国は発展途上国の貧困克服のために援助すべきだと考える。

　まず第一に、以前他の国を植民地にし、その国の天然資源や人材を搾取して発展した先進国は、そのことに対する償いをしなければいけない。過去の先進国による圧制は、今日の発展途上国の貧困状態の原因の1つとなったので、先進国はその問題の解決を援助するべきである。

　第二に、先進国が第三世界諸国に経済援助を行うことにより、世界情勢の平和と安定が促進される。貧困は紛争やテロの根本的な原因となっているため、貧困を減らすための援助により国際社会が安定化し、つまりそれは世界の平和と安定につながるのである。

　最後に、先進国が第三世界に経済援助を行うことは、世界経済の繁栄に貢献する。先進国がODAを通して発展途上国との技術格差を埋める努力をすることにより、発展途上国の経済成長が促され、その結果それは先進国の経済発展にもつながるのである。

　要するに、発展途上国が貧困を克服するために、先進国は援助すべきであると私は確信している。そしてそれは上記に述べた理由、過去の搾取への償い、そして世界の安定、世界経済の繁栄を促進することによるものだ。

---

words & phrases

- compensate for the exploitation of ～　～を搾取したことを償う
- the oppression on third world countries　第三世界諸国への圧制
- provide economic aid　経済援助する
- the root causes of ～　～の根本的原因
- global peace and stability　世界の平和と安定
- fill the technological gap between ～　～との間の技術格差を埋める
- global economic prosperity　世界経済の繁栄

Unit 1

「政治」関連Q&Aトレーニング

Q1

Which is the greater threat to humankind, terrorism or world hunger?

解答例　　　　　　　　　　　　　　　　　　　CD 15

I think that world hunger is the greater threat to humankind than terrorism. Firstly, hunger has more pervasive influence on the world than terrorist attacks, causing malnutrition among nearly one-third of the world's population. According to the UN, nearly eight million people are dying of hunger annually, which far outnumbers the death toll under terrorism, around 30,000. Secondly, hunger is the root cause of terrorism. People in dire poverty in needy countries will commit a crime, and even resort to terrorist acts for releasing their anger toward affluent people.

(89 words)

words & phrases
- □ root cause　根本原因
- □ in dire poverty　極貧状態の
- □ have more pervasive influence on　～により広範囲の影響を持つ
- □ malnutrition　栄養失調
- □ death toll　死者数

ここを押さえて！

　政治分野で必須の「テロと世界飢餓、どちらが人類にとってより脅威か」を問う問題。強いアーギュメントは「**飢餓の方がテロより脅威**」で、次のような理由を挙げます。

❶ 飢餓はテロより世界で広範囲な影響を与える（far-reaching effects on the world）：世界の人口の3分の1は栄養失調で、国連データでは世界の餓死数は毎日2万1千人、年間で約8百万人（国連データ）で、テロ

> で死亡する数より圧倒的に多い。
> ❷ 飢餓がテロの根本原因 (root cause of terrorism) であり、極貧状態の人は犯罪を犯したり、時には金持ちへの怒りを晴らす (release their anger toward affluent people) ためにテロ行為にさえ訴えたりする。

数値データを出して、効果的にサポートしましょう。

なお、飢餓の方が脅威である3つめの理由として、「環境悪化により飢餓状態の深刻化 (its increasing seriousness due to environmental degradation)」を加えると、さらに強いアーギュメントになるでしょう。

「サイバーテロ (cyber terrorism) を入れると飢餓よりテロの方が広範囲な影響を与えないか?」と2番目のポイントに対して突っ込まれたらどうしますか?これは手ごわい質問です。「確かに developed countries ではサイバーテロによる影響が大きいが、IT の整備されていない developing countries では、さほどでもなく、貧困より広範囲の影響とはいいがたい」と逃げましょう。

❓ 関連質問にはこう答える!

Q: What are the root causes of terrorism?
(テロの根本原因は何か?)

➡ 上で述べた貧困の他に、自分とは違うものへの恐怖心 (Fear of something alien)、イデオロギーの違い (Ideological conflicts)、領土拡張 (Territorial expansion)、自己保存 (Self-preservation) などがあげられます。この応用問題として、Can terrorism ever be eliminated? (テロは根絶できるか) も1次・2次試験双方で出題されますが、答えは No の立場で、次のように答えることができます。

> ❶ テロの根本原因の貧困がなくならない (poverty, the root cause of terrorism, is ineradicable) ので、テロもまた根絶できない
> ❷ イデオロギー間の紛争も根絶できない (Ideological conflicts are ineradicable)
> ❸ テロを支援する団体や国がある (There are many support groups or countries to provide assistance to terrorists)

また、Can world hunger be alleviated? (世界飢餓は軽減できるか?) には、Yes の立場で、「根絶は無理だが、軽減なら GMO の導入 (introduction of GMOs) により可能だ」と答えることができるでしょう。

Unit 1

Q2
Is world peace a remote possibility?

解答例

I think so for two reasons. Firstly, religious and ethnic differences often cause a diplomatic failure and often escalate into military confrontation. History demonstrates numerous examples of armed conflicts including the long-standing Israeli-Palestinian conflict, and the war in Bosnia-Herzegovina among Muslim, Roman Catholic, and Serbian Orthodox people. Secondly, human beings' uncontrollable desire to dominate others often leads to territorial expansionism and conflicts. Violence and war are an inseparable part of human beings.

(74 words)

words & phrases
- military confrontation（武力衝突）
- Serbian Orthodox（セルビア正教会）
- territorial expansionism（領土拡張主義）
- inseparable（切り離せない）

ここを押さえて！

「戦争平和論・世界平和の実現性」に関するトピックは非常に重要で、Is war avoidable or is it simply a part of human nature? や Can world peace ever be achieved? や World peace－a realistic future possibility? や Are war and violence an inseparable part of society? と、形を変えてよく出題されます。いずれに対しても、「**戦争不可避論**」の方が強く、つまり Yes の立場で、理由として次の2点が挙げられます。

❶ 宗教的違いから軍事衝突に発展する可能性
❷ 人間の支配欲・領土拡大欲が対立に発展する可能性

試験官の反論にはこう答える！

では、Is the world heading toward another global conflict?（第三次世界大戦に向いているか？）、世界戦争の可能性（possibility of global warfare）はあるかと聞かれれば、growing global economic interdependence through globalization（グローバル化により高まる世界の経済的依存）と nuclear deterrence（核の抑止）によって、それはあり得にくいと答えることができます。

人類の歴史を振り返れば、国家・秩序を作るプロセスも国家同士も闘争の歴史（history of conflict）ですが、核時代（the nuclear age）に入ってからは、局地戦（local war）や代理戦争（proxy war）はあるものの、全面核戦争（all-out nuclear war）は起こっていません。とは言え、冷戦時代（the Cold War era）の2極世界（the bipolar world）から、多極化世界（the multipolar world）になってからも紛争は絶えず、真の世界平和の実現が、近い将来に起こるとは言い難いのが現実です。

関連質問にはこう答える！

Q: Is there such a thing as a justifiable war?
Can violence ever be justified in support of a political cause?
（正当化される戦争はあるか？　政治理念を支持するための暴力は正当化されうるか？）

➡ この質問に関しては、否定するよりも、"War can be justified when it is necessary to **save people against genocide and other atrocities after a failure of negotiations** to reach a mutually beneficial agreement. If innocent people are suffering, as seen in Germany during World War II, it is also legitimate for another nation to step in. **Atrocities** are good reasons for both **oppressed countries** and other nations to declare war against the oppressor.（第二次世界大戦時のナチの大量殺戮のような残虐行為から国民を守る場合は、当該国も他国も弾圧者に対して戦争に訴えることは正当化できる）"のように答えることができます。

Unit 1

Q3
Should capital punishment be abolished?

解答例　　　　　　　　　　　　　　　　　　　　CD 17

I think so for two reasons. Firstly, capital punishment has the risk of executing innocent people. Wrongful execution of innocent people is totally unjustifiable because it causes irreparable loss of human life. Secondly, capital punishment is inhumane and unethical. Legalization of the death penalty as a form of punishment means sanctioning of killing and devaluing of human life. The very act of killing violates the right to life, which everyone is entitled to, and is in fact a cruel barbaric form of punishment. **(83 words)**

words & phrases
- ☐ **wrongful execution**　誤った有罪判決
- ☐ **unjustifiable**　不当な
- ☐ **irreparable**　回復不可能な
- ☐ **inhumane**　非人道的な
- ☐ **devalue**　低く評価する
- ☐ **right to life**　生存権
- ☐ **be entitled to**　〜を得る権利がある

ここを押さえて！

　法制分野の中で必須のトピックである「**死刑を廃止すべきか？**」ですが、説得力のあるアーギュメントは、Yes の立場で次のような理由を挙げます。

- ❶ 無実の人に死刑を執行してしまうリスク (the risk of executing innocent people)
- ❷ 人の命を低く評価する非人道的・非倫理的な刑罰制度 (inhumane and unethical penal system devaluing human life)

さらに説得力あるアーギュメントにするには!!

Yes の第3の理由として、Death penalty deprives criminals of a chance for rehabilitation to compensate for their wrongdoings.（死刑は犯罪者が更生し、自らが行った悪事を償う機会を奪う）もあります。追加できれば、より強くなるでしょう。

試験官の反論にはこう答える!

上のポイント❷に関してですが、Don't you think that atrocious criminals who did indiscriminate killing of innocent people deserve death penalty?（無差別殺人犯のような残忍な犯罪者は死刑に値するのでは?）との質問には、Death penalty is the extreme form of violence. Accepting death penalty means accepting violence. Eye for eye, killing for killing is a barbaric idea. As the Bible says "Do not kill others" ── this lesson applies to even criminals.（死刑は暴力の極端な形態で、死刑を認めることは暴力を認めることになる。「目には目を」は野蛮な考え方で、聖書の「他人を殺すなかれ」の教えは、犯罪者に対してもあてはまる）とし、The right to life is the most important of all human rights, and this right applies to hard-core criminals.（生存権は基本的人権の中で最重要で、筋金入りの犯罪者を罰するときも、これは実践されなければならない）と締めくくって、人権問題であることを主張し、賛成の立場のアーギュメントを貫きましょう。

試験官の反論にはこう答える!

死刑廃止に賛成を選んだ場合、最初に反論されるポイントとして、Capital punishment can deter criminals from committing atrocious crimes such as murder.（死刑は殺人のような極悪犯罪に対する抑止になる）があります。これは死刑廃止に反対の立場の人が真っ先に述べる反論ですが、あなたならどう答えますか?

Capital punishment does not deter felonies such as murder, because the US, where many states retains death penalty, show high rates of serious crimes.

（死刑制度を持つ米国では、深刻な犯罪発生率が高く、死刑制度の重罪抑止にはならない）

一見うまくさばいたようですが、実はこの答えのアーギュメントは弱いです。というのも、米国の犯罪率の高さは、他の社会的要因も関係しているはずなの

Unit 1

に、死刑制度のせいだと単純化しているからです。よって、死刑制度導入前後で犯罪が増減したかのエビデンスを述べる必要があります。

では、次の反論にはどう答えますか？

Removing horrendous criminals from society will alleviate a government's financial burden.
（社会から恐るべき犯罪人を取り除くことで、政府の財政負担を軽減する）

これに対しては、It has not yet proved that death penalty actually reduces a financial burden on the public purse. Death penalty can cost about $1.5 million or more because of the long, complex legal procedures.（死刑も長い複雑な法律手続きのため150万ドル以上かかり、政府の財政負担を軽減するかどうかは証明されていない）とさばきましょう。

- Write an essay on the given TOPIC.
- Give THREE reasons to support your answer.
- Structure: Introduction, main body, and conclusion
- Suggested length: 200 - 240 words

添削なし★

Topic 2

Should Japan play a bigger role in international affairs?

★日本は国際情勢において、より大きな役割を果たすべきか?という問題です。注意すべき事は、ここでの役割とは日本が果たすべき政治的な役割で、それをなぜ果たすべきなのか、つまり"Howではなくwhy"であることです。誤ってその方法などを説明してしまい、ポイントがずれてしまわないよう要注意です。

　それではまずproかconかのスタンスを決めて、次にポイントになる語句を考えてから、キーアイディアを作ってみましょう。

Unit 1

🧠 ポイントとキーアイディアを考えてみよう

【pro の場合】

☐ cultural exchanges

文化交流。pro のアーギュメントになります。キーアイディアは日本のポップカルチャー、アニメなどの soft power でしょうか。"How" にならないようにするためには、少し説明が難しそうですね。

☐ development aid

開発支援。すなわち発展途上国への ODA です。**経済大国 (an economic superpower)** である日本の役割を主張し、pro の最も強いアーギュメントになります。

☐ nuclear disarmament

核兵器削減。pro の強いアーギュメントで、キーアイディアは**唯一の被爆国 (the sole victim of atomic bombings)** です。

☐ the environment

キーアイディアは日本の**先進技術 (advanced technologies)** で pro の強いアーギュメントです。

【con の場合】

☐ domestic issues

con のアーギュメントに使います。国内の問題にかかりっきりで国際情勢に関わる余裕がないということですね。

【pro/con 両方に使える】

☐ terrorism

これは pro と con のどちらも書けます。テロ対策 (counter terrorism) に貢献すべきとも、テロの標的 (target of terrorist attacks) になるので international affairs に関わるべきでないとも言えます。

このように圧倒的に pro が多いですが、その中でキーアイディアが作成しやすく、重要なものから順に選びますと、**development aid**、**the environment**、**nuclear disarmament** になります。**cultural exchanges** のキーアイディア soft power は、政治的な役割としては少し弱く、簡単にキーアイディアを作成できないと判断したものは省きましょう。時間との勝負になりますから。

第3章 エッセイ／スピーチ

サンプルを check !

それではこのトピックのスピーチ／エッセイを作成してみましょう。

❶ There have been a lot of discussions and debates about what role Japan has to play as a member of the international community. Personally, I think that Japan should play a bigger part in international affairs for the following three reasons.

❷ Firstly, as one of the economic superpowers, Japan should promote global peace and stability by increasing its ODA to developing countries. Since poverty is a major cause of international terrorism and conflicts, Japan's increased ODA to needy countries will contribute greatly toward realization of world peace.

Unit 1

解説

❶ まずイントロは定型文の中から選びます。highly controversial issue でもないトピックの場合は discussions and debates にしましょう。トピックの Japan should play a bigger role in international affairs はそのまま使いますが、その前の文は言いかえます。

❷ 日本は経済大国 (one of the economic superpowers) として、世界の平和と安定のために (to promote global peace and stability)、development aid すなわち ODA を増やすべきであるというアーギュメントです。その強いサポートとして、貧困は国際テロの主要原因である (poverty is a major cause of international terrorism) が挙げられます。世界の平和は皆が望んでいる重要な課題であるので強いアーギュメントになります。

❸ Secondly, Japan has advanced technologies to deal with increasingly serious environmental degradation. With a growing threat of global warming and dwindling natural resources, Japan should step up its efforts to protect the global environment by promoting recycling and energy saving.

❹ Finally, as the sole victim of atomic bombings, Japan can promote nuclear disarmament more effectively than other countries. With a growing need for nuclear disarmament in the world, Japan should take the initiative in enlightening the world about a nuclear holocaust.

❺ In conclusion, for the three reasons mentioned above, economic power for promotion of world peace, advanced technologies for environmental protection, and advantageous position for nuclear disarmament, I strongly believe that Japan should play a bigger role in international affairs.

Unit 1

解説

❸ 次に environmental protection ですが、これもなぜ必要なのかその重要性、そしてなぜ日本がするかの二つを念頭に置いてアーギュメントを進めていきます。まず、日本が高度な環境保全の技術を持っていることを述べて、世界が地球温暖化や天然資源の減少など深刻な問題をかかえている(with a growing threat of global warming and dwindling natural resources)ことを挙げます。

❹ ここでも大切なのは、常にトピック Should Japan play a bigger role in international affairs? にピンポイントで答えているかということです。いきなり(Yes,) Japan should promote nuclear disarmament. とすると"How"になってしまうので、as the sole victim of atomic bombing(日本は唯一の被爆国であるので)という点を強調し、more effectively に nuclear disarmament を推進できるとします。核による大量殺りくの恐ろしさ(nuclear holocaust)を痛切に世界に伝えることができる唯一の国なのですから、非常に強いサポートです。

❺ 結論では、句でまとめたキーポイントを繰り返しましょう。エッセイが引き締まり、わかりやすくなります。

全文訳

　日本が国際社会の一員としてどんな役割を果たすべきかについて多くのディスカッションや論争が起きているが、個人的には三つの理由から、日本は国際情勢でより大きな役割を担うべきであると私は考える。

　まず第一に、経済大国である日本は発展途上国へのODAを増やすことによって、世界の平和と安定を促進すべきである。貧困は国際テロと紛争の主要原因であるため、日本の貧しい国々へのさらなるODAは、世界平和の実現に大きく貢献することになる。

　第二に、日本はますます深刻な環境汚染に対応するテクノロジーを進歩させてきた。世界で地球温暖化の脅威が高まり、天然資源が減少していく中、日本はリサイクルや省エネの促進によって地球環境を保護するために尽力するべきである。

　最後に、唯一の被爆国として日本は、世界的に広がる核軍縮の必要性に伴い、核による大量殺りくの恐ろしさを世界に教えるイニシアティブを取るべきである。

　以上、上記の三つの理由、世界平和促進への経済力、環境保護への高度な技術、核軍縮への有利な立場から、私は日本は国際情勢でより大きな役割を果たすべきであると確信している。

---

words & phrases

- nuclear disarmament　核軍縮
- enlighten　知らせる = inform, make aware
- the sole victim of atomic bombings　唯一の被爆国
- nuclear holocaust　核による大量殺りく
- step up its efforts　尽力する
- global environment　地球環境
- global peace and stability　世界の平和と安定

Unit 1

「政治」関連 Q&A トレーニング

Q4
Do nuclear weapons make the world less secure?

解答例

Yes. I think so for two reasons. Firstly, the very existence of nuclear weapons will threaten the whole world. When nuclear weapons fall into terrorists' hands, it will have disastrous consequences. Secondly, nuclear weapons can cause unexpected nuclear accidents through sinking of nuclear submarines and explosions of nuclear missiles in silos. They will cause irrevocable damage to the environment.

(60 words)

words & phrases
- ☐ **nuclear warfare** 核戦争
- ☐ **silos** 地下ミサイル格納庫
- ☐ **cause irrevocable damage to** ～に回復不能の被害をもたらす

ここを押さえて！

政治分野で最も重要な核関連トピックより、「**核兵器は世界をより不安定にしているか？**」を問う問題。説得力のあるアーギュメントは、Yes の立場で、その理由として次の2点を挙げています。

❶ 核兵器の存在自体が全世界を脅かす：テロリストが入手したら大惨事となる。

❷ 核兵器は、原子力潜水艦の沈没（sinking of nuclear submarines）や地下ミサイル格納庫の爆発（explosions of nuclear missiles in silos）など、環境に対して取り返しのつかない被害（irrevocable damage）を与える不測の核事故を多数引き起こす。

❷のサポートは、googleを検索すると核兵器事故の例が驚くほど出てきますが、たとえば、潜水艦事故による環境汚染の例として、1982年のバレンツ海（the Barents Sea）でのロシア潜水艦からの液体金属冷却材の流出（release of liquid metal coolant）をあげ、「その環境に与える影響は計り知れない」などとまとめるとよいでしょう。

関連質問にはこう答える！

Q: What are the obstacles to nuclear disarmament?
（軍縮を阻むものは？）

➡ 次のような要素を盛り込むといいでしょう。

> ❶ strong belief in nuclear deterrence（核の抑止力への信奉）
> ❷ nuclear powers' desire to take advantage of nuclear weapons for political leverage
> （政治的影響力を保つために利用したいという核保有国の願望）

Q: Should all nations have the right to develop nuclear weapons?
（すべての国が核兵器開発の権利を所有するべきか？）

➡ 答えは、Noの立場で、All the country should make efforts in nuclear disarmament to promote global peace and stability. Therefore no country can develop any more nuclear weapons.（すべての国は世界平和を進めるために軍縮への努力をするべきで、これ以上核兵器開発をすることはいかなる国もできない）と述べましょう。

Unit 1

Q5
What role should the United Nations play in international politics?

解答例

I think that the UN has to play three major roles. The first role is to promote global peace and stability. Civilians have been increasingly more victimized by armed conflicts. Under the circumstances, the UN should take the initiative in conflict resolution. The second role is to ensure the protection and promotion of human rights. The UN should protect people from enslavement and genocide, and promote people's right to education and free speech. The third role is to promote sustainable development in the world. As an authoritative advocate for protection of the global environment, the UN should take leadership roles in preserving the natural environment by promoting public awareness about the danger of environmental degradation.

(117 words)

words & phrases
- ~ is threefold ～は3つある
- victimize ～を犠牲にする
- armed conflict 武力衝突
- conflict resolution 紛争解決
- enslavement 奴隷状態
- genocide 集団虐殺
- authoritative advocate 権威ある調停者
- take leadership roles in ～で指導的な役割をもつ
- environmental degradation 環境劣化

ここを押さえて！

英検や国連英検で必須の「**国際政治における国連の果たす役割**」を問う問題。ここでは次の3点を述べています。

❶ 世界平和と安定を促す（promote global peace and stability）：一般人（civilians）が多く武力紛争の犠牲になっている状況下で、紛争解決を率先するべきである。
❷ 人権擁護と促進（protection and promotion of human rights）：奴隷状態や集団虐殺より人々を守り、教育や表現の自由の権利を促す。
❸ 持続可能な発展を促す（promote sustainable development）：率先して環境保護に取り組む

関連質問にはこう答える！

Q: Should the UN Security Council be expanded?
（安全保障理事会を拡大するべきか？）

➡ 強いアーギュメントはYesの立場で、その理由として次の2点が挙げられます。

❶ Japan and Germany are the second and third largest contributors to the UN budget and deserve a permanent seat in the Council.
（日本とドイツの国連予算分担金は米国に次いで世界第2位・3位で、常任理事国になるに値する）
❷ There is a growing imbalance between developing and developed countries representation in the Council.
（理事会で発展途上国と先進国の代表数はますますバランスが悪くなっている）

特に❷に関しては、Increased participation of developing countries in the Security Council will allow more issues of their concern to get on the Security Council's agenda.（安保理事会に発展途上国がもっと参加すれば、途上国の懸念事項をもっと議題に取り上げてもらえる）と論を進めていくことができます。

一方、反対意見では、次の2点が考えられます。

❶ Since the Council's work requires swift action, expansion could negatively affect its ability to provide quick solutions to world conflicts.
（安保理事会は迅速な行動をとらなければならないので、拡大すると世界の迅速な紛争解決に悪影響を及ぼす）

Unit 1

❷ Giving more countries veto power can block the decision-making process of the Council. (拒否権をより多くの国に与えると、理事会の決断プロセスの妨げになりうる)

しかし、Yes の「分担金の多い国を入れる」「先進国偏重から、途上国・先進国バランス型への移行」の方が reasonable and rational で時代に沿った強い主張です。

試験官の反論にはこう答える！

Q: Do you think the UN activities have been successful?
(国連の活動は成功していると思うか？)

➡「貧困対策（fight against poverty）ではまずまず成功しているが、その他の人権擁護（human rights' protection）、紛争解決（conflict resolution）では、なかなか成果が見られていない」と答え、サポートに、「貧困・飢餓、教育、女性の地位向上（female empowerment）、環境維持開発（sustainable development）などの目標を掲げたミレニアムゴール（The Millennium Development Goals（MDGs））のうち、15年の期限内に達成出来たのは「極度の貧困を半減（halving the number of people in extreme poverty）」だけで、人権擁護が成功しているとはいいがたい。また紛争解決も、1992－93年のソマリア内戦（the Somali Civil War）や1994年のルワンダ大虐殺（the Rwanda Genocide）での平和維持活動（peace-keeping operation）の失敗に代表されるように、苦戦している」と例を出して説明できるようにしておきましょう。

Q6

Should economic sanctions be used to achieve foreign policy objectives?

解答例

Yes, I think so for three reasons. First, economic sanctions can avert bloodshed of innocent civilians, which can be caused by military intervention in troubled areas. Second, economic sanctions can weaken the national strength of the target countries, thus diluting their aggression against their opposing countries. Third, economic sanctions can maximize the pressure on the leaders of the target countries while minimizing the suffering of average citizens.

(67 words)

---

words & phrases
- avert bloodshed　流血を避ける
- innocent civilians　罪なき一般市民
- military intervention　軍事介入
- dilute one's aggression　攻撃力を弱める
- maximize the pressure　圧力を最大限にする
- minimize the suffering　被害を最小限にする

ここを押さえて！

「経済制裁は有効な外交政策か？」を問う、政治分野でよく狙われるトピック。強いアーギュメントは Yes の立場で、3つの理由を挙げています。

❶ 一般人の流血の惨事を避ける (avoiding bloodshed of innocent civilians)
❷ 国力を弱め、結果として攻撃力を弱める (diluting aggression by weakening national strength)
❸ 指導者への圧力を最大限にし、市民の苦しみを最小限にする (maximizing pressure on the leadership and minimizing citizens' suffering)

Unit 1

　経済制裁の例として、北朝鮮への制裁がすぐに浮かびますが、これは経済制裁が一般国民だけを苦しめ、指導者への圧力とはならなかった失敗例ですので、賛成なのに、うっかり例に出して自らアーギュメントを弱めてしまわないように注意しましょう。

試験官の反論にはこう答える！

　このトピックの質疑応答は、知識がものを言います。Do you think economic sanctions have been successful?（経済制裁は成功してきたと思いますか？）という問いに対しては、The success rate is very low. Actually two-thirds of about 100 economic sanctions imposed after World War II were said to be unsuccessful.（米国際経済研究所による）と答えましょう。また、Why do you think the economic sanctions were not so successful?（なぜ成功率が低いのか？）という試験官の質問には、次のような解答例が考えられます。

❶ 支援国の援助や他の制裁破りにより効き目が乏しい（neutralization by the aid of supporting countries and other forms of sanction-busting）
❷ 指導者が物資を独占し（the leaders will keep all available resources to themselves）、市民を苦しめるだけ（only make ordinary citizens suffer）

　ちなみに、Which economic sanctions were unsuccessful [successful]?と、経済制裁の失敗例［成功例］を求められた場合は、たとえば「核開発疑惑をめぐるイランへの経済制裁」をあげ、「イランの石油輸出先の4割を占めるEU、日本、韓国各国が石油禁輸（oil embargo）を行った結果、（イランの石油輸出量の4割を占める）中国・トルコ・インドが制裁拒否したため失敗」と説明しましょう。成功例としては、「国連が加盟国へ呼びかけた、アパルトヘイト撤廃のための対南ア経済制裁（UN economic sanctions against South Africa for abolishing Apartheid）」が強い例でしょう。また「国民へ非人道的行為（inhuman act）をとったカダフィ大佐追放のための欧米による経済制裁（1992～2003年）により、カダフィ政権が崩壊（disintegration of Qaddafi administration）したケース」なども代表的な成功例です。

Unit 2 経済

自由貿易や昇進制度などといった、経済に関する2つのスピーチ／エッセイと5問のQ&Aに挑戦しましょう。

- Write an essay on the given TOPIC.
- Give THREE reasons to support your answer.
- Structure: Introduction, main body, and conclusion
- Suggested length: 200 - 240 words

添削なし★

Topic 1

Will free trade benefit third world countries?

CD 23

★自由貿易は第三世界諸国（発展途上国）に利益をもたらすかというトピックです。自由貿易協定に関しては日本、アメリカでもTPP（Trans-Pacific Partnership：環太平洋戦略的経済連携協定）を巡って、賛成・反対の意見が飛び交っています。ここでは発展途上国にとっての自由貿易のメリット、デメリットを考えましょう。

　それではまず pro か con かのスタンスを決めて、次にポイントになる語句を考えてから、キーアイディアを作ってみましょう。

Unit 2

🧠 ポイントとキーアイディアを考えてみよう

【pro の場合】

☐ economic growth

pro のアーギュメントになります。自由貿易は国際市場を拡大し、発展途上国において雇用の機会を拡大する **(creating huge job opportunities)** とサポートしましょう。

☐ quality of life

これも pro です。自由貿易によって発展途上国の人々の生活が向上する **(improve the citizens' quality of life)** と主張します。協定国間の貿易・投資の増加により、発展途上国の人々は豊富な質の良い商品を安価で手に入れることができ、人々のニーズが満たされますね。

☐ international relations

ビジネスパートナーである諸国との関係は強化され、発展途上国は強国からのサポートや防御が得られるので、pro のアーギュメントですね。

【con の場合】

☐ environmental concerns

con のアーギュメントです。激化される競争に伴い産業は発達しますが、それに伴い環境汚染の問題も増えるでしょう。

☐ tradition and culture

異国の文化が入ってきて、その国の伝統や文化が損なわれる可能性があると、con のアーギュメントになります。

【pro/con 両方に使える】

☐ competition

自由貿易によって競争は激化されるでしょう **(free trade intensifies the competition)**。それは、競争力のない発展途上国の産業は世界の強い競争相手によって弱体化し、所得格差が拡大するという con の意見もあれば、逆に安い労働力により価格競争力が強まるという pro の反論もあります。

さて、pros と cons ではどちらが書きやすいですか？ **economic growth** と **quality of life** と **international relations** を 3 つの理由のキーアイディアとし、pros で書いたほうが書きやすいでしょう。

サンプルを check！

それでは、このトピックのスピーチ／エッセイを作成してみましょう。

❶ There have been a lot of discussions and debates whether or not free trade is beneficial to third world countries. Although some people point out its detrimental effects on them, personally I think that it will benefit developing countries for the following three reasons.

❷ Firstly, free trade will greatly encourage third world countries' economic growth by creating huge job opportunities. It will facilitate the free flow of business operations and labor between developing countries and developed countries. The increased employment will lead to a rise in the consumers' purchasing power, thus boosting the developing countries' economies.

Unit 2

解説

❶ イントロダクションは、雛形です。賛成意見であることを述べましょう。

❷ 1つ目のキーポイントは、自由貿易は雇用機会を拡大し発展途上国の経済成長を促す**(encourage fhird world countries' economic growth by creating huge job opportunities)**ということです。自由貿易によって、第三世界諸国の人々は協定国間の自由なビジネス活動により、自国、または先進国での雇用が増え**(facilitate the free flow of business operation and labor** between developing countries and developed countries)、その結果国民の購買力が上がり（**a rise in consumers' purchasing power**)、経済活性化につながるというアーギュメントです。

❸ Secondly, trade liberalization will help improve the citizens' quality of life by satisfying consumer needs in third world countries. Increased global trade and investment will bring a stable supply of food to consumers in developing countries, regardless of geographical and climatic conditions.

❹ Finally, free trade will strengthen relations between developing countries and developed countries by deepening mutual economic interdependence. These symbiotic relationships can provide third world countries with support and protection from strong nations against international threats, which developing countries are especially susceptible to.

Unit 2

解説

❸ 2つ目の理由は、自由貿易により、第三世界諸国の消費者の要求を満たし、生活の質が上がる (improve the citizens' quality of life by satisfying consumer needs in third world countries) というアーギュメントです。サポートは、貿易や投資が世界の広範囲にわたって行われるので (increase global trade and investment)、地理や気候の条件に関係なく発展途上国の消費者に、食料の安定供給をもたらす (bring a stable supply of food to consumers in developing countries, regardless of geographical and climatic condtions) ので、生活の質が上がると主張します。

❹ 3つ目の理由は、自由貿易によって経済的相互依存が深まり (deepening mutual economic interdependence)、それによって先進国と発展途上国の関係が強化される (strengthen relations between developing countries and developed countries) というアーギュメントです。国同士が重要な貿易相手国であれば攻撃することは決してないでしょうし、貿易相手国が国際的な脅威に影響を受けやすい第三世界諸国の場合は、強国はサポートしたり防御したりするでしょう。第三世界諸国にとってはありがたいことですね。

❺ In conclusion, for the above-mentioned three reasons, boosting the economy, improving the quality of life and strengthening North-South relations, I believe that free trade will greatly benefit third world countries.

Unit 2

解説

❺ 結論ではアーギュメントのポイントを句で述べましょう。経済成長を促す (boosting their economic growth)、生活の質の向上 (improving the quality of life)、そして南北間の関係の強化 (strengthening North-South relations) の3つですね。

では「free trade が第三世界に利益をもたらさない」というアーギュメントを見てみましょう。

❌ 反対のアーギュメント

1 Free trade will undermine less competitive industries in developing countries, thus exacerbating income disparity.
（自由貿易は競争力のない発展途上国の産業を弱体化させ、所得格差が拡大する）

2 Free trade will exacerbate environmental degradation through economic growth in developing countries.
（自由貿易は発展途上国の経済成長を促すので環境を悪化させる原因となる）

3 Free trade can undermine the traditions and culture of third world countries.
（自由貿易により、第三世界の伝統や文化が損なわれる可能性がある）

全文訳

　自由貿易が第三世界諸国にとって有益かどうかについて多くの議論や討論が行われています。不利益な点を指摘する人もいるが、個人的には自由貿易は発展途上国にとって利益をもたらすと私は考える。

　第一に、自由貿易は雇用機会を拡大することにより、第三世界諸国の経済成長を大いに促す。発展途上国と先進国の間でビジネス活動や労働者の自由な流れが促進されるからである。雇用が増えることにより購買力が上がり、国の経済が活性化される。

　第二に、貿易の自由化は第三世界諸国の消費者の要求を満たし、人々の生活の質を上げる。世界の広範囲の貿易や投資が増えることにより、地理や気候の条件に関係なく発展途上国の消費者に食料の安定供給をもたらす。

　最後に、自由貿易によって経済的相互依存が深まり、国家間の関係を強化するだろう。この共生的関係により、国際的な脅威に対して特に影響を受けやすい第三世界諸国は、強国からのサポートや防御が得られるだろう。

　結論として、上記の3つの理由、経済成長を促し、生活の質が向上し、そして南北関係が強化されることから、自由貿易は第三世界諸国にとって非常に有益であると私は確信する。

---

words & phrases

- free trade, trade liberalization　自由貿易；貿易の自由化
- create huge job opportunities　雇用機会を拡大する
- free flow of ～　～の自由な流れ
- consumers' purchasing power　消費者購買力
- improve quality of life　生活の質を向上させる
- mutual economic interdependence　経済の相互依存関係
- symbiotic relationships　共生関係
- susceptible to ～　～の影響を受けやすい
- strengthen relations among nations　国家間の関係を強化する

Unit 2

「経済」関連 Q&A トレーニング

Q1

Is foreign aid an effective way to promote economic growth in developing countries?

解答例

I believe that foreign aid is not effective in promoting economic growth in developing countries for three reasons. First, corrupt governments of recipient countries often embezzle foreign aid without spending it on its economic development. Second, foreign aid is often misused to developed countries' advantages. The aid often comes with strings attached, which forces recipient countries to use overpriced goods and services from donor countries. Third, foreign aid often discourages recipient countries from reforming their fragile economic systems by making them more dependent on donor countries.

(87 words)

---

words & phrases
- recipient countries　被援助国
- embezzle　横領する
- with strings attached　ひも付きの
- overpriced　法外な値段の
- donor countries　援助国

ここを押さえて！

「外国の援助金は発展途上国の経済発展を進めるための最良の方法か？」も経済分野でよく狙われる問題です。説得力のあるアーギュメントは、あまり効果的ではないという No の立場で、次のような理由を挙げています。

❶ 被援助国（recipient countries）の腐敗政権による、援助金の横領（embezzlement of foreign aid by corrupt governments）
❷ 外国の援助金はひも付きのため、効果的に活用されない（ineffective use of foreign aid with strings attached）：援助国が法外に高い商品やサービスの利用を要求する。
❸ 外国の援助金により被援助国はより援助国に依存し（more dependency on donor countries）、脆弱な経済体制の改革（reform of their fragile economic systems）を妨げる。

❶は強いですが、❷も❸もアーギュメントの強さは50％といったところで、厳密には、foreign aid is not so effective と答えた方がよいでしょう。一方、Yesの場合は、以下のようになります。

❶ Foreign aid is necessary to build infrastructure and factories to develop their industries.
（外国の援助は産業を発展させるためのインフラや工場建設に必要）
❷ Foreign aid can enhance the quality of education in developing countries, which is essential for economic growth.
（外国の援助は、発展途上国の経済発展に必須である教育の質を高める）

試験官の質問にはこう答える！

Noで答えた場合、What is the best way to promote economic growth in developing countries?（最良の方法は？）と必ず聞かれますので、The best way is not financial assistance but technological transfer to ensure their economic development.（金銭的な援助ではなく、経済発展を確実なものにするための技術援助）と答えましょう。

関連質問にはこう答える！

Q: Should developed nations do more to help developing nations?
（先進国は発展途上国をもっと援助するべきか？）

➡これには上のforeign aidのYesの理由と大部分かぶりますが、Yesの立場で、次のように理由を挙げましょう。

Unit 2

❶ 先進国にとってよい投資になる（good investment for developed nations）
❷ 途上国の経済発展は、世界の平和と安定につながる（contribution to global peace and stability）
❸ 植民地時代に先進国が途上国を搾取した分の補償（compensation for developed countries' exploitation of developing countries during colonial times）

Q2

What are the social responsibilities of large corporations?

解答例　　　　　　　　　　　　　　　　　　　　　　　　CD 26

I think that large corporations have two major CSRs. First, large companies should take responsibility for protecting the environment, for example, by developing eco-friendly products and technologies to reduce CO_2 emissions and to deal with pollution. Second, large companies should fulfill their CSR by practicing business ethics. They have to promote fair trade by observing rules and regulations, and prohibit briberies in bid-rigging, exploitation and abuse of employees, and insider trading.

(71 words)

---

words & phrases
- □ **CSRs[Corporate Social Responsibilities]**　企業の社会的責任
- □ **business ethics**　企業倫理　　□ **fair trade**　公正取引
- □ **bribery in bid-rigging**　談合における賄賂
- □ **exploitation and abuse**　搾取と酷使
- □ **insider trading**　インサイダー取引

ここを押さえて！

「**大企業の社会的責任は何か**」を問うビジネス分野の重要トピック。強い答えにするには、最低以下の2点をあげましょう。

❶ 環境にやさしい商品・技術開発による環境保護 (protection of the environment by developing eco-friendly products and technologies)

❷ 公正取引 (fair trade) の促進、入札時の賄賂禁止 (no briberies in bid-rigging)、雇用者の搾取や酷使の禁止 (no exploitation and abuse of employees)、インサイダー取引の禁止などの、ビジネス倫理の実践 (practicing business ethics)

Unit 2

試験官の質問にはこう答える！

Q: Do businesses have certain obligations to the local community?
（企業は地元のコミュニティーに対して何らかの義務があるか？）

➡これにはYesの立場で、CSRの第3の点として、「慈善活動（philanthropy）」をあげ、「貧しい地域の生活向上のための資金集めイベント（fundraisers to help improve the lives of the poor community）を毎年実施し、地域・国のチャリティー活動を率先して行う（take the initiative at local and national charities）と答えましょう。

関連質問にはこう答える！

Q: Which is more important for companies, product quality or profit motive?
（商品の質と利益とどちらが会社にとって重要か？）

➡ここでは便利な表現の in the short run ..., but in the long run ...（短期的には～だが、長期的には～）を使い、「In the short run, profit motive, but in the long run, product quality is more important（短期では利益だが、長期的には質を重視すべき）、なぜなら、商品やサービスの質が悪ければ、カスタマーが減り、結局収益減となるため（because bad quality of products and service leads to decreasing the number of customers, which will end up in profit loss）」と答えましょう。

- Write an essay on the given TOPIC.
- Give THREE reasons to support your answer.
- Structure: Introduction, main body, and conclusion
- Suggested length: 200 - 240 words

添削あり★

Topic 2

Should job promotions be based on performance or on seniority?

★昇進制度は能力制か年功序列制かどちらに基づいた方が有効かという、二次対策でもエッセイライティングでも使われる非常に重要なトピックです。
　2分で performance か seniority の理由となるキーアイディアを考え、3つ以上述べられる方を選びましょう。
それではまず pro か con かのスタンスを決めて、次にポイントになる語句を考えてから、キーアイディアを作ってみましょう。

Unit 2

🧠 ポイントとキーアイディアを考えてみよう

【performance の場合】

☐ productivity

会社の生産性が上がる（**increase companies' productivity**）という **performance** のキーアイディアになります。能力制の方が仕事の効率や生産性がよくなる（**enhance work efficiency and productivity**）からです。

【seniority の場合】

☐ loyalty

seniority のキーアイディアです。成果主義だと成果を上げられない社員はあっさり首を切られたりするので、そんな会社に社員も忠誠心（loyalty）を持てないですよね。

☐ group harmony

これも **seniority** です。performance-based system では、強調性より個人の創意（individual initiative）が尊重されるので、職場での強い一体感（deep sense of unity at the workplace）は芽生えません。

☐ income disparity

能力制だと能力のある人とない人と収入の差が広がり、所得格差は悪化する（exacerbate income disparity）ので、**seniority** のアーギュメントになります。

☐ performance evaluation

その会社での経験年数により評価されるので、評価基準が容易であると、**seniority** のアーギュメントになります。また、**成果主義**の方が fair であるとも言えますが、これは、**productivity** のサポートとオーバーラップしないように注意しましょう。

【performance/seniority 両方に使える】

☐ job skills

performance-based system では、会社は高い技術を持った人材を求めるので、社員は常に自分のスキルを磨こうという意識が強くなるでしょう。また、**seniority**-based system では、社員は同じ会社で長期的に（**in the long term[run]**）スキルアップしていけるでしょう。どちらのアーギュメントにもなります。

第 3 章 エッセイ／スピーチ

サンプルを check!

添削あり★

それでは、次のサンプルを見てみましょう。右ページで添削と解説をしています。

❶ It has been a contentious issue in Japan whether companies should adopt performance-based or seniority-based system. Personally, I think that job promotion should be based on performance for the following reasons.

❷ Firstly, the performance-based promotion system will increase employees' work efficiency and productivity. It will motivate workers to work hard because they are rewarded based on their job performance in contrast to the seniority-based system, which allows workers' salary to increase regardless of their performance.

Unit 2

添削&解説

❶ イントロダクションはひな形ですね。日本では、seniority-based system がまだ根強いですが、"performance" を選びましたね。アーギュメントを見ていきましょう。

❷ 能力制の昇進制度は、社員の仕事の効率や生産性が上がるというアーギュメントは「会社の生産性向上」というキーポイントが抜けています。そこで、it will increase companies' productivity by enhancing employees' work efficiency and productivity. とします。

第2文は長くてわかりにくいので、2つに分けましょう。「能力制だと彼らの仕事の成果が報われるので、社員の労働意欲を高める (It will ~~motivate workers to work hard~~ enhance their motivation to work because they are rewarded based on their job performance.)」で一度英文を切り、「一方、年功序列制は能力に関係なく昇進するので (~~In~~ contrast, ~~to~~ the seniority-based system, which ~~allows workers' salary to increase~~ gives promotion to employees, regardless of their performance, will undermine competent employees' motivation for work, thus decreasing their productivity. となりますが、いずれにしてもポイント (companies' productivity) に戻さないと relevancy に欠けます。

第3章 エッセイ／スピーチ

❸ Secondly, the promotion system based on merit and ability will encourage employees to hone their job skills. Companies require higher levels of skilled workers to rise above the competitors. The performance-based, or skill-based promotion system will make them seek for continuous improvement.

❹ Finally, the performance-based promotion system will alleviate income disparity between younger employees and veterans. Given the stagnant economy, many young employees cannot expect to enjoy the same benefits as current seniors do in the future. The performance-based system will help young workers improve their income as well as secure their future.

Unit 2

添削&解説

❸ この段落では能力主義が、彼らの仕事の技能を向上させる事に繋がるというアーギュメントですね。会社から常に高い技能が求められるので(~~Companies require higher levels of skilled workers~~ companies always require skilled workers)、to rise above the competitors は簡単に言えば、競争に勝ち抜くために社員は会社の要求に応えられるように自分のスキルを磨こうとする意識を常に持つということです。The performance-based, or skill-based promotion system ~~make them seek for continuous improvement~~ の seek for はいまいちで、「社員のスキルが向上し続けるので会社の成長に繋がる(contributes to continuous improvement of workers' skills, thus leading to the growth of the company)」とすべきですが、❶のポイントとオーバーラップしてしまいます。

❹ さて最後のポイントである能力制の昇進制度は、「若手社員とベテラン社員(~~veterans~~ **experienced workers**)の所得格差を軽減する(alleviate income disparity between younger employees and ~~veterans~~ **experienced workers**)」は弱いアーギュメントです。若手社員でベテラン社員同様に働ける人がどれだけいるでしょうか？ 能力制になったからといって全ての若手社員の給料が上がる訳ではないのです。サポートもミスマッチです。

むしろ、能力給だと若手社員の中でも所得格差が起こり、income disparity は**悪化 (exacerbate income disparity)**し、益々将来不安になるのではないでしょうか？

という事で、この段落は評価されません。ポイントを誤って使うと、丸々その段落を落としてしまい、理由が2つになって28点満点のところ満点でも21点になってしまいます。そこから文法ミスや語法ミスなどを引かれると点数はかなり低くなるでしょう。皆さんもエッセイの点数が思ったより低かった時は、このようなことが起こっていたのかもしれません。これを防ぐためには、自分のアーギュメントとキーアイディア、サポートがしっかりマッチしているかを常にチェックすることです。

第3章 エッセイ／スピーチ

❺ In conclusion, I believe that job promotion should be based on performance for the three reasons mentioned above: increasing productivity, honing employees' skills and reducing income disparity.

添削&解説

❺ 結論では、ボディで述べたポイントを句で再度述べますが、このエッセイは最後の段落を落としているので、理由は2つになってしまいます。「生産性の向上と技術のたゆまぬ進歩 (increase in productivity and continuous improvement of employees' skills)」となります。

理由のパラグラフは3つあることが条件です。このエッセイは構成 (organization) がよくありません。まず理由1は会社へのbenefitで (**increasing company's productivity**)、理由2は社会（経済）へのbenefitで (**contributing to economic growth**)、理由3で個人のbenefitで (**giving workers a sense of accomplishment**) とし、構成し直しましょう。

Unit 2

皆さん、「能力主義」のアーギュメントはいかがでしたか？　では以下の「年功序列」のキー・アイディアをみてみましょう。

❌ seniority のアーギュメント

1 The seniority-based system allows companies to keep skilled human resources because it **enhances workers' loyalty and dedication to their companies**.

（年功序列制度は社員の会社への忠誠心や貢献を高めるので、熟練した人材を確保できる）

2 In the countries where group harmony is highly valued, it **promotes a deep sense of unity** at the workplace. The performance-based pay system undermines team spirits among workers, thus weakening the strength of companies.

（調和を重視する国において、年功序列制は職場での強い一体感を促す。能力制度は社員間のこのような協力精神を損ね、企業を弱体化させる）

3 The seniority system can develop employees' job skills over time, thus leading to an increase in their productivity in the long run.

（年功序列制は時間かけて従業員の仕事の技術を発展させるので、長期的に生産性を増加させることになる）

第3章　エッセイ／スピーチ

それでは、添削後のスピーチ／エッセイを見てみましょう。

It has been a contentious issue in Japan whether companies should adopt performance-based or seniority-based promotion system. Personally, I think that job promotion should be based on performance for the following three reasons.

Firstly, the performance-based promotion system will increase companies' productivity by enhancing employee's work efficiency and productivity. It will motivate employees to work harder. In contrast, the seniority-based system, which gives promotion to employees, regardless of their performance, will discourage hard work, thus decreasing companies' productivity.

Secondly, the promotion system based on merit will contribute to the development of the national economy. It will increase the number of skilled workers by motivating workers to hone their skills. The resultant increase in productivity of workers and companies will lead to the economic growth of the country.

Finally, the performance-based promotion system will give workers a sense of accomplishment and job satisfaction, thus enhancing the quality of their life. On the other hand, the seniority-based system will fail to give workers a sense of fulfillment, making high achievers feel unfairly evaluated.

In conclusion, for the above-mentioned three reasons, increasing company's productivity, contributing to economic growth and giving workers a sense of fulfillment, I believe that job promotion should be based on performance.

Unit 2

全文訳

　会社は能力制か年功序列制かどちらの昇進制度を採用するべきかは、日本で多く議論されてきた。個人的には3つの理由から、昇進制度は成果主義に基づくべきだと私は考える。

　まず第一に、成果主義の昇進制度により社員の仕事の効率が上がるので会社の生産性が上がる。成果が報われるので社員はより懸命に働くだろう。それに対し年功序列制だと能力に関係なく昇進するので、社員の働く意欲を弱めて仕事の効率は落ちるだろう。

　第二に、能力主義の昇進制度は国の経済成長に貢献するだろう。社員が仕事の技術を向上させる刺激となるので、高い技術を持った人材が増える。その結果会社の生産性が上がり、国の経済成長につながるのである。

　最後に、成果主義の昇進制度により、社員は仕事の達成感と満足感が得られ、それは彼らの生活の質の向上につながる。一方年功序列制だと不公平に評価されていると思い、達成したという満足感は得られないであろう。

　以上、上に挙げた理由、すなわち会社の生産性を上げ、経済成長に貢献し、社員に達成感を与えるという3つの理由から、昇進制度は成果主義に基づくべきだと私は確信する。

---

words & phrases

- enhance employee's work efficiency　社員の仕事の効率を上げる
- motivate employees to work harder　社員の働く意欲を高める
- in contrast / on the other hand　それに対し；一方
- regardless of their performance　能力に関係なく
- hone their skills　技術を磨く
- a sense of accomplishment　達成感
- job satisfaction　働きがい
- enhance the quality of their life　生活の質を高める
- a sense of fulfillment　達成したという満足感

「経済」関連 Q&A トレーニング

Q3
Should the mandatory retirement system be abolished?

解答例　　　　　　　　　　　　　　　　　　　　　　CD 29

I think that the mandatory retirement system should be abolished for two reasons. First, abolishing the mandatory retirement system can alleviate labor shortage. Japan is a super-aging society, which will suffer an acute labor shortage in the near future. Without the mandatory retirement system, Japanese companies can retain a sufficient labor force. Second, by abolishing the mandatory retirement system, the government can help raise the age of pension eligibility, which can save the national pension system that is essential for survival of elderly people.

(84 words)

---

words & phrases
- □ the mandatory retirement system　定年制
- □ alleviate labor shortage　労働力不足を緩和する
- □ super-aging society　超高齢化社会
- □ labor force　労働力　　□ pension eligibility　年金受給
- □ pension system　年金制度

ここを押さえて！

「**定年制は廃止すべきか**」を問う問題。説得力のあるアーギュメントはYes（定年制廃止）の立場で、次の理由を挙げています。

❶ 超高齢化社会（super-aging society）における労働力不足を緩和する（alleviate labor shortage）：定年制廃止により企業は高齢者を労働力として確保できる。

Unit 2

❷ 定年制廃止により、政府が年金受給年齢を引き上げ (raise the age of pension eligibility)、高齢者が生き残るために必須の年金制度を救う。

❶は、団塊の世代がすべて退職する2025年頃にlabor shortageが深刻な問題になることが予想されるため、よく言われる論点です。

❷もよく言われるアーギュメントですが、年金の掛け金 (pension premium) を払う企業数も減るため、年金制度の存続に必ずしも貢献するとは限りません。これに対してNoのアーギュメント (定年制賛成) の場合は、次の2点が挙げられます。

❶ 求職中の若者や中年層に仕事の機会を与え (give more job opportunities to job-seeking young and middle-aged people)、社会を活性化する (stimulate social development)。
❷ 生産性の下がった高齢者 (less productive elderly workers) をやめさせることで、会社は生産性を維持、または高めることができる (maintain or enhance companies' productivity)。

しかし、これらを総合判断するとYes / Noとcategoricallyに断定するよりも、raise the mandatory retirement age (定年の年齢を引き上げる) というalternativeを挙げる方が、現段階では無難でしょう。

🗣 試験官の反論にはこう答える！

Yesで答えた場合、Do you think elderly workers can maintain their productivity?(高齢者の生産性はいいのか？)と追加質問されるでしょう。その場合の答えは、It depends on the individual and the field of work.(個人と仕事の分野によってさまざま)となります。There are many highly productive elderly people with expertise. Thus the mandatory retirement system will waste elderly workers' expertise, especially in legal or medical fields.(専門知識を持ち、生産性の高い高齢者は大勢いる。よって定年制度は、特に法律や医療などの分野で働く高齢者の専門知識を無駄にすることになる)とサポートし、It's age discrimination to force them to retire based on the assumption that all elderly workers over 60 or 65 are incompetent.(60歳や65歳以上の人々はみな能力がないと決めつけて、強制的に退職させるのは年齢差別だ)と締めくくるとよいでしょう。

関連質問にはこう答える!

Q: Don't you think that labor shortage will be greatly alleviated by more use of foreign workers?
(人手不足は、外国人の活用により大幅に緩和されるのでは?)

➡これに対しては、「一般的に、労働不足は部分緩和される(In general, it can partially alleviate the labor shortage problem.)」と答え、「単純作業の働き手不足(labor shortage of low-skilled workers)は緩和されるが、全分野で労働不足を補うには、高齢者や女性の働き手(elderly and female workers)が必要」と説明しましょう。

Q: What problem can be caused by hiring a large number of foreign workers?
(多くの外国人労働者を雇うことにより起こる問題は?)

➡これに対しては、As foreign workers are hardest hit by the recession, excessive use of foreign workers can threaten public safety if their massive unemployment occurs.(不況により最も打撃を受ける外国人を過剰雇用すると、もし彼らが大量に失業した場合、治安を脅かす可能性がある)と答えましょう。

Unit 2

Q4

Will the trend toward part-time employment negatively affect Japanese society?

解答例

Yes, I think so for two reasons. First, an increase in the number of part-timers leads to a decline in birthrates. Part-time workers with a low and unstable income are less likely to have a baby, thus exacerbating the aging of Japanese society. Second, their lower disposable income will undermine Japanese domestic consumption. Financially unstable part-timers cannot obtain a large enough loan from banks to make big purchases like houses and cars, which will dampen the Japanese economy. **(78 words)**

words & phrases
- exacerbate 深刻にする
- aging 高齢化
- disposable income 可処分所得
- domestic consumption 国内消費
- dampen the economy 経済の足を引っ張る

ここを押さえて！

「パートタイム雇用の傾向は日本社会に悪影響を与えるか」を問う問題も、経済分野では必須です。説得力のあるアーギュメントは、Yesの立場で、理由は次のようなものを挙げています。

> ❶ 低収入かつ不安定なパート雇用者 (part-timers with low and unstable income) は、子供を持つのが難しく、高齢化問題を深刻にする (exacerbate the problems with the aging society)
> ❷ 可処分所得が少ないパート雇用者 (part-timers with lower disposable income) は、ローンが組めず、住宅など大きな買い物ができず、経済が悪化する (dampen the economy)

一方、No の場合は、次のような理由が挙げられます。

> ❶ パート雇用の増加により、失業率が下がる（An increase in part-time employment will decrease the unemployment rate.）
> ❷ 人件費削減のため、企業の利益が上がる（Part-time employment will reduce labor costs and thus increase profitability for companies.）

しかし、社会全体ではマイナス要因の方が強いと言われています。

試験官の質問にはこう答える！

　本トピックでは、知識・情報を問われる可能性が高く、たとえばWhat is the average part-timer's annual salary in comparison to full-time workers'?（フルタイマーに対してパートタイマーの年収は？）との質問には、「厚生労働省（Health, Labour and Welfare Ministry）によると、2014年のパートタイマーの平均年収は111万円で、正社員平均年収の516万円の5分の1と大きく下回る」と答えましょう。また、本トピックの基礎知識として、「パートタイマーは、過去4半世紀で倍増し、2015年は1979万人、全雇用者の3人に1人を占める」という数値は把握しておきましょう。

関連質問にはこう答える！

Q: Why do the increasing number of young people work part time?
（なぜパートで働く若者が増えたのか？）

➡次の2点を答えるとよいでしょう。

> ❶ ひとつの会社に身を捧げるのではなく、気楽な人生を望んでいるから（desire to live a care-free life without devoting themselves to one company）
> ❷ フルタイムの雇用機会が不足しているから（lack of full-time job opportunities）

Unit 2

Q5

Should major companies in financial trouble receive government support?

解答例　　　　　　　　　　　　　　　　　　　　　CD 31

Generally, I don't think so for three reasons. First, it is unfair for the government to bail out only major companies in financial troubles with tax revenues, as their financial troubles are the natural consequences of their mismanagement. Except in the case where a company's bankruptcy causes tremendous damage to the national economy, tax payer's money should be spent on more useful purposes such as educational and welfare development. Second, the bailout money will put a financial burden on the government. The Irish government's bailouts of large financial institutions in 2010 caused a huge fiscal deficit. Third, government bailouts, which lead to government control of private companies, run counter to the principle of capitalism that economic activities should be subject to market forces. **(131 words)**

---

words & phrases
- □ **bail out** 経済的苦境から救済する
- □ **mismanagement** 管理不行き届き
- □ **fiscal deficit** 財政赤字
- □ **run counter to** ～に反する
- □ **be subject to** ～の影響下にある；～に従う

ここを押さえて!

「財政難に陥った企業を政府は支援すべきか?」を問う経済分野の重要トピックで、説得力のあるアーギュメントはgenerally noの立場のアーギュメントで、その根拠は①不公平である、②政府への財政負担を増大させる、③資本主義の市場原理に反するなどを挙げています。

特に②は、The Irish government's bailouts of large financial institutions in 2010 caused a fiscal deficit as high as 30% of its GDP, that is, virtually a financial collapse of the country. という例を挙げれば説得力が出ます。それから、Except in the case where ～と例外を述べておかないと、試験官に Bankruptcy of major banks will make it difficult for companies to raise money and consumers to get household loans, which can undermine the economy.（大銀行の倒産は企業の資金集めや消費者のローンを困難にする）のではないのかと言われたときに困ることになります。

その他の No のアーギュメントには、次のようなものがあります。

❶ Allowing bad companies to survive by using public money will undercut their competitors in the market place and prevent the growth of smaller and more innovative companies. Bankruptcy is a self-regulating mechanism of the free market economy.
（公的資金の注入は市場での競合企業を弱め、規模は小さくてももっと革新的な企業の発展を阻むことになる。倒産は自由市場経済の自己調整メカニズムだ）

❷ Government bailouts will lead to reckless borrowing and investments by companies. This is a "moral hazard", which will undermine the overall health of the economy.
（政府の救済は企業の無謀な投資や貸付につながり、かえって企業の経済的な苦境が増え、経済全体に悪影響を与える）

※ここでの moral hazard とは、政府の財政支援という危険回避制度があるため企業が安心し、かえって財政破綻の発生率が高まること

なかなか強そうですが、試験官が次のように述べて反論してきた場合はどうしますか？

試験官の反論にはこう答える！

Q: A failure of large companies can lead to the loss of thousands of jobs, plunging the entire local economy into years of recession. Government bailouts are necessary to protect vulnerable companies and jobs. Don't you think so?

Unit 2

(大企業の倒産によって大量失業が起こり、地域経済が打撃を受けるので、不安定な企業や仕事を保護するために、政府の支援が必要では?)

➡否定側に立った以上、さばかないといけないので、米国政府の救済例を挙げ、「米保険会社AIGの場合は、信用で成り立つ米国の金融システム危機や世界的な連鎖倒産の危険を回避したため（in order to avoid the crisis of the US financial system based on trust and the risk of global chain bankruptcy）、OKだが、GMの場合は、雇用に与える影響が大きく、救済要請の殺到（moral hazard）と財政悪化への懸念（concern over growing budget deficits）から反対である」と述べ、「問題は失業者対策で、税金はセーフティネットの充実（development of a safety net）や失業者の再雇用支援、雇用創出などに使うべきだ」と論を進めて行けばいいわけです。

Unit 3 教育

大学の制度や体罰などといった、教育に関する2つのスピーチ／エッセイと7問のQ＆Aに挑戦しましょう。

- Write an essay on the given TOPIC.
- Give THREE reasons to support your answer.
- Structure: Introduction, main body, and conclusion
- Suggested length: 200 - 240 words

添削あり★

Topic 1

Should the university system in Japan be reformed?

★日本の大学は改革されるべきかというトピックです。過去約20年、日本の大学は組織改革が行われてきていますが、グローバル化に対応するためますますその必要性に迫られています。このトピックは賛成意見 (pros) を書く事が望まれますね。従来の日本の大学の改善されるべき点を考えましょう。

　それではまず pro か con かのスタンスを決めて、次にポイントになる語句を考えてから、キーアイディアを作ってみましょう。

Unit 3

🧠 ポイントとキーアイディアを考えよう

【pro の場合】

☐ impractical

　日本の大学だけではなく近年欧米の大学でも現実の社会で役に立つ教育（practical education）の是非が議論されていますが、日本に限定して考えると、impractical なのは何の教育でしょう？　ほとんどの大学で必修科目である英語教育ではないでしょうか？　pro の English education のサポートで使います。

☐ critical thinking ability

　批判的思考（**critical thinking**）とは、論理的思考（**logical thinking**）のように系統立てて分析的に物事を考えて、常識にメスを入れ、新しい価値観を生み出したり発明したりすることや、問題解決能力につながる、現代において最も必要な能力です。日本の大学は講義中心（**lecture-oriented**）で、その critical thinking ability を鍛えることができないと pro で主張することができますね。

☐ English education

　先ほどの impractical と組み合わせて使えます。グローバル化に対応するため、より practical な英語教育が必要であると pro で使います。

☐ assignments

　日本の大学は一般に欧米の大学に比べて宿題や課題が少なく学生はあまり勉強しないとよく言われますが、これは改善されるべき点で pro のアーギュメントです。

☐ knowledge acquisition

　日本の大学教育は知識習得型であり、**critical thinking ability** が鍛えられないということで pro ですが、ポイントがオーバーラップしないように注意しましょう。

【con の場合】

☐ liberal arts education

　日本とアメリカの大学の一般教養課程（**liberal arts education**）は、その目的が異なります。アメリカの大学では、専攻分野は入学してから徐々に決めていくという制度なので、一般教養は授業を通して各学生が自分に適した分野を決めていくためにも必要ですが、日本の大学は入学前に学部を決めるので、一般教養課程は高校での十分な教育があれば必要ないという意見もあります。con としては少し弱いアーギュメントですが、知識として入れておくとよいでしょう。

　このトピックのエッセイは、3つの理由のキーアイディアやサポートが**オーバーラップしないように**上手く構成するのがコツですね。

第3章　エッセイ／スピーチ

サンプルを check！

添削あり★

それでは、次のサンプルを見てみましょう。右のページで添削と解説をしています。

---

❶ In Japan, the number of universities and college enrollment have dramatically increased over several decades, and now substantial changes in the system is required. There are three reasons why the university system in Japan should be reformed.

❷ Firstly, Japanese college education is based on learning theories but not on practical applications of these theories. Students study and learn theories but cannot apply them to real-world situations. University system should increase the practical aspects though workshops and internships.

Unit 3

添削&解説

❶　日本ではここ数十年で大学の数と入学者が劇増して大学システムの大変革が求められているということですね。いい書き出しですが、and で、主語の異なる文を並列しないで、with を使い主語を 1 つにした方がすっきりします (**With a dramatic increase in the number of universities over several decades in Japan,**)。また、「変革が求められている」とありますが、どこが求めているのかをはっきりし、「政府や民間企業から改革の必要性が求められている (**there is a growing need from the government and private companies to reform ...**)」とした方がいいでしょう。

❷　このアーギュメントは日本の大学は実践でなく理論の習得が中心であるいう主張ですが、これはおかしくありませんか？ 大学とはアカデミックな場所で、理論を学び研究したりする所です。

　最後の文の、「実践的な側面 (practical aspects)」がないので、それを作るべきであるというアーギュメントを最初のキーアイディアに持ってくるべきです。そういう議論も世界ではあるので間違いではないですが、impractical と theories の組み合わせには少し無理があります。

❸ Secondly, the Japanese university system based on lecture-oriented classes cannot develop critical thinking and problem solving abilities. In order to meet the needs of the increasingly globalised society, students should acquire these skills through classroom discussions and independent research.

❹ Finally, college English education in Japan is ineffective, despite the fact that English proficiency is essential for competing in today's global society. Most Japanese universities' educational programs are based on knowledge acquisition rather than classroom discussions and paper writing.

❺ In conclusion, I believe that Japanese university system should be reformed for the above-mentioned three reasons: impracticality, lack of development of critical thinking ability, and ineffective English education.

Unit 3

添削&解説

❸ このパラグラフは、日本の大学は「講義中心(based on lecture-oriented classes)」であり、「批判的思考(**critical thinking**)」や「問題解決能力(**problem-solving abilities**)」を伸ばしていくことができないという主張です。これは強いアーギュメントですね。

「ますますグローバル化しつつある社会に対応するために(In order to meet the needs of the increasingly globalized society)」、日本の大学はこれらのスキルを身に付けさせるようなディスカッションやプレゼンテーションなどの授業が必要であるとサポートします。「学生が習得するべき(students should acquire)」というよりは、「大学がこれらのスキルを伸ばすように(Japanese universities need to develop those skills)」、「ディスカッションやプレゼンテーションや論文執筆などを推進する必要がある(**by promoting classroom discussions, presentations, and writing papers**)」とした方がよりいいでしょう。

❹ 日本の教育は、学生の今日のグローバル世界に必要不可欠な英語力アップに効果的ではないというのがキーアイディアですね。もともと日本の大学の英語教育は外国の文献を読むことだけが目的でしたが、今日ではグローバル化に伴い実践的なスキルの必要性が重視されてきています。にも関わらず教育方法は変わっていません。そのような背景から考えると強いアーギュメントですね。

しかしこのサポート(Most Japanese educational programs are based on knowledge acquisition rather than classroom discussions and paper writing.)は、英語教育というよりも、前の段落のlecture-oriented classesによる「知識習得(knowledge acquisition)」中心で、ディスカッションや論文執筆が必要というアーギュメントとオーバーラップしていますね。なので、ここで **impractical** を使いましょう。日本のプログラムは「聞く、話す、読む、書く事において実践的でない(**not practical enough to develop students' abilities in listening, speaking, reading and writing in English**)」とサポートしましょう。

❺ 結論ではボディで述べたポイントを句にしてもう一度述べます。

このエッセイは、1つ目の理由以外はアーギュメントがしっかりしていて、文法ミスもないので、点数は22点くらいでしょう。しかし日本だけに特化した問題点を考えると、もう1つ強いアーギュメント、**assignments** をポイントにして、実習研究を通して学生の知識やスキルを伸ばすような課題をもっと与えるべきであるというアーギュメントを加えるべきでしょう。日本の大学、特に文系は『4年間の休暇』"the place for a four-year vacation" で有名ですからね。

第3章 エッセイ/スピーチ

それでは、添削後のスピーチ／エッセイを見てみましょう。

With a dramatic increase in the number of universities over the last decade in Japan, there is a growing need from the government and private companies to reform the current university education system. In this essay, I would like to discuss three reasons why the university system in Japan should be reformed.

Firstly, the Japanese university education system based mainly on **lectures** and **knowledge acquisition** cannot develop students' **critical thinking ability**. In order to meet the needs of the increasingly globalized society, Japanese universities need to develop those skills by promoting **classroom discussions**, **presentations,** and essay writing.

Secondly, Japanese universities do not give students enough **assignments** to develop their knowledge and skills through their **independent study**. This is especially true of the social sciences and humanities departments, which are notorious as "the place for four-year vacations". Most students do part-time jobs or club activities without doing **homework**.

Finally, college **English education** in Japan is not effective enough to develop students' English abilities. Although **a good command of English** is considered essential for success in today's **global society**, the programs are not intensive or practical enough to develop students' abilities in listening, speaking, reading and writing effectively.

In conclusion, for the above-mentioned three reasons, failure to develop students' critical thinking ability, very low workload, and ineffective English education, I believe that the Japanese university system should be reformed.

Unit 3

全文訳

　日本では過去十年間で大学の数が激増し、現在の大学の教育システムを改革するべきであるという政府や民間企業の要求が高まってきている。このエッセイで私は日本大学改革が必要である3つの理由を述べます。

　まず第一に、日本の大学の教育制度は主に講義と知識習得が中心で、批判的思考能力を鍛えることができない。ますますグローバル化されていく社会に対応するために日本の大学は、授業中のディスカッションやプレゼンテーションやエッセイライティングによってそれらの能力を育てる必要がある。

　第二に、日本の大学は自主学習を通して知識や技術を伸ばしていくのに十分な課題を学生に与えていない。これは特に人文社会系学部において言えることで、これらの学部は『4年間の休暇』として有名である。ほとんどの学生が宿題もせずにアルバイトやクラブ活動をしている。

　最後に、日本の大学の英語教育は学生の英語の才能を伸ばす効果が期待できない。今日のグローバル社会で英語を自由に使いこなすことが成功に不可欠であるにも関わらず、そのプログラムは学生の聞く、話す、読む、書く能力を伸ばすほど集中的で実践的であるとは言えない。

　以上、3つの理由により、つまり批判的思考能力を育てられないこと、課題が少ないこと、そして効果の上がらない英語教育のため、日本の大学制度は改革されるべきだと私は確信している。

---

words & phrases

- **a dramatic increase in the number of ~** 　～の数が激増
- **the increasingly globalized society** 　ますますグローバル化されていく社会
- **lectures and knowledge acquisition** 　講義と知識習得
- **critical thinking ability** 　批判的思考能力
- **classroom discussion** 　授業でのディスカッション
- **assignments** 　宿題；課題
- **independent study** 　自主学習
- **the social sciences and humanities departments** 　人文社会系学部
- **a good command of English** 　英語が堪能であること
- **essential for success** 　成功に不可欠である
- **ineffective** 　効率の上がらない
- **intensive** 　徹底的な；集中的な

第3章　エッセイ／スピーチ

「教育」関連Q&Aトレーニング

Q1
How can creativity be developed?

解答例

I think that there are several effective ways to develop your creativity. First, question traditions and existing rules and remove perceptual blocks generated by your biases. Second, try to find plan B that makes your project feasible by overcoming limited resources such as limited time, money and workforce. Third, practice divergent thinking and convergent thinking at the same time to find various solutions through brainstorming. In other words, you should think about various possibilities through brainstorming and put various ideas together to create a new concept or to find the best solution to a problem.

(95 words)

---

words & phrases
- **perceptual blocks** 知覚的ブロック：慣れないものを認知しようとしない心理的作用
- **plan B** 代替案：第2の手段
- **divergent thinking** 発散的思考：既知の情報から様々に考えを発展させ、新たな考えを生みだす思考
- **convergent thinking** 収束的思考：既知の情報から論理的思考や推論により、唯一の答えを生みだす思考

ここを押さえて！

教育分野で非常に重要な「**創造性の育て方**」を問う問題。説得力ある解答は、以下3つの方法を紹介しています。

❶ 社会の規範にメスを入れ、偏見を打破する

Unit 3

> ❷ 限られた時間・お金・人材などを克服し、計画を可能にする代替案 (plan B) を見つけようとする
> ❸ ブレインストーミングと論理統合的思考 (logical integration) を同時に行い、さまざまな解決法を見いだす

試験官の質問にはこう答える!

Q: Why is creativity necessary?
（なぜ創造性は必要なのでしょうか）

➡ このような fundamental question が出されたらどう答えますか? Creativity is the source of invention and innovation. People with creativity can develop new technologies and products, which will promote economic development. Creativity is the engine of economy.（創造性は発明の源で、創造性のある人が新しい技術や商品を開発する。創造性が経済発展を促すのだ）が強い答えです。また、「子供の創造性を高める方法」を問われた場合は、次の方法が挙げられます。

> ❶ テレビを見る時間を減らし、演劇活動、物語制作、お絵描き (acting, story-making, and drawing) などの創作活動への参加 (participation in creative activities) を奨励する
> ❷ 異文化の人との交流 (interaction with people with different cultural backgrounds) を奨励する
> ❸ 意見交換をする機会を多く持たせる (give them a lot of opportunities to exchange their opinions with others)

❷や❸は大人にもあてはまります。自分の子供時代や周囲の子供たちを思い起こしながら、子供の創造性を高める方法を、友人と説明しあってみるのもよいでしょう。

【その他関連質問】
Can creativity be taught?（創造性は教えることができるか）
Should schools encourage more individuality in students?
（学校は生徒の個性を奨励するべきか？）

Q2

Do the advantages of school uniforms outweigh the disadvantages?

解答例

I believe that the advantages of school uniforms outweigh the disadvantages. The first advantage is that school uniforms eliminate the time and trouble to think about what to wear to school, thus leading to higher academic, athletic, and artistic achievement. The second advantage is that school uniforms save family expenses by reducing parents' spending on children's clothing. The third advantage is that school uniforms will instill in students a sense of pride in and belonging to their schools. Although school uniforms have some disadvantages such as undermining their individuality and creativity, and lack of adaptability to seasonal changes in temperatures, I think the advantages outweigh the disadvantages. **(110 words)**

words & phrases

- academic achievement　学業成績
- family expenses　家計
- instill ~ in 人　~を人に教え込む
- individuality and creativity　個性と創造性
- adaptability to ~　~への順応力

ここを押さえて！

　教育分野でよく狙われるのが「**制服の利点は欠点を上回るか？**」。解答例ではメリットとして、次の3点を挙げています。

❶ 登校時の服を考える時間と労力を節約し、成績が伸びる。
❷ 子供服への出費を抑え、家計を助ける。
❸ 母校への誇りと帰属意識を植え付ける。

Unit 3

その他のメリットに、school uniform will help decrease juvenile delinquency（青少年の非行を減らす）があり、これも強いアーギュメントです。

デメリットとしては、次の2点が挙げられます。

> ❶ 個性・創造性を損なう（undermine students' individuality and creativity）
> ❷ 季節の温度変化に順応しにくいため、不快感を与える（lack of adaptability to seasonal changes in temperatures, causing discomfort to students）

総合評価は「利点が勝る」としています。

また、デメリットの「制服は画一性を重んじ（respect conformity）、個性や創造性が育たない（hamper the development of one's individuality and creativity）」はよく言われる主張ですが、「creativity を高める方法（Q1参照）」は多数あり、制服が生徒の創造性を摘むと断定できず、弱いアーギュメントです。

試験官の反論にはこう答える！

Q: Considering its little use outside the school environment, don't you think that casual clothes are much economical than school uniforms?

（学校でしか着用しないのに制服は高価なので、家でも着られる私服の方が経済的では？）

➡「家計の節約になる」というあなたの主張に対して上のように質問された場合は、どう答えますか？「制服は冠婚葬祭にも着用でき（School uniforms can be worn on special occasions such as funerals or weddings）、また中古の制服の再利用制度（the system of reusing second-hand school uniforms）もあり経済的」と答えましょう。

Q3

Do the advantages of gifted students' grade-skipping outweigh the disadvantages?

解答例

I think that the advantages of grade-skipping outweigh the disadvantages for two reasons. First, grade-skipping can enhance teaching and learning effectiveness. Regular classes will undermine gifted students' motivation for study, but grade-skipping can fully develop high achievers' potential. Second, grade-skipping is the most cost-effective way for gifted students to learn. This is because they can study in a regular classroom without having to pay extra fees for separate programs. While grade-skipping has disadvantages such as the possibility of gifted students becoming the target of bullying and lack of balance between IQ and EQ development, I believe that the advantages far outweigh the disadvantages. **(105 words)**

---

words & phrases
- ☐ grade-skipping　飛び級
- ☐ high achievers　成績優秀者
- ☐ cost-effective　費用効率の良い
- ☐ gifted students　優秀な生徒

ここを押さえて！

「優秀な生徒は飛び級を許されるべきか？」は今後出題が予想される教育制度のひとつ。強いのはメリットの方で、次の2つの理由を挙げています。

❶ 教授効率と学習効率を高める (enhance teaching and learning effectiveness)
❷ 追加の学費が不要なので、費用効率がよい (cost-effectiveness due to no extra tuition fees)

Unit 3

一方、デメリットには、次のような理由があります。

> ❶ いじめの対象になる (making gifted students the target of bullying)
> ❷ 知的・感情面の発達のバランス欠如 (lack of balance between IQ-EQ development)

試験官の反論にはこう答える！

Q: Balance between EQ/IQ development is essential for healthy growth of children. If development of their EQ cannot keep up with that of their IQ due to grade-skipping, don't you think this system is unsuccessful?
（知能と感情のバランス良い発達は、子どもの健やかな成長には必須だが、飛び級の結果、情緒の成熟度がついていかないと、教育としては失敗ではないか？）

➡「メリットがまさる」と答えた場合、試験官からは上のような反論がくるでしょう。これに対しては、「ＩＱの高い子はＥＱも高く (talented children with high IQ have relatively higher EQ)、grade-skipping 先のクラスメイトの方が、ＥＱレベルが合うという研究結果もあり、決して失敗ではない」とさばきましょう。

さらに説得力あるアーギュメントにするには!!

さらに merits outweigh の立場を強調するには、英米が輩出する飛び級経験者の偉人たち、たとえばトランジスタと超伝導で２度のノーベル賞を受賞した物理学者ジョン・バーディーン (John Bardeen)、ニクソン米大統領、ノーベル文学賞を受賞したウイリアム・フォークナー (William Faulkner) や T.S. エリオット (T.S.Elliot)、ソフトバンクＣＥＯの孫正義などを挙げ、Those who made great contributions to society are the proof of the effectiveness of grade-skipping.（社会への貢献度の高いこれら要人たちこそ、飛び級制度の有効性を示す論拠）などと説明するとよいでしょう。

- Write an essay on the given TOPIC.
- Give THREE reasons to support your answer.
- Structure: Introduction, main body, and conclusion
- Suggested length: 200 - 240 words

添削あり★

Topic 2

Should corporal punishment be banned in schools?

★学校での体罰は禁止するべきかというトピックです。私の記憶では、昔は学校で体罰（corporal punishment）は当たり前のように行われていましたが、現在では体罰のために職を失う先生もいます。厳密に言うと、学校での体罰を法律で禁止している国は、世界200か国中30数か国で、もっとも早く体罰禁止令を制定したのはアメリカですが、今でも50州のうち19州が体罰を合法としています。日本では、戦前から学校での体罰を禁止しているにも関わらず、一昔前は体罰は当たり前で、今なおしごきや指導と称して顧問や先輩による体罰が問題になることがあります。体罰を受けて自殺したケースもあり、体罰禁止の機運が高まってきていますね。しかしイギリスでは一度可決された体罰禁止の法律が、教師や親の反対から再び廃案になっています。

　それではまず pro か con かのスタンスを決めて、次にポイントになる語句を考えてから、キーアイディアを作ってみましょう。

Unit 3

🧠 ポイントとキーアイディアを考えてみよう

【pro の場合】

□ antisocial behaviors

pro のアーギュメントになります。先ほどのアーギュメントに対して、いや体罰は秩序を維持するどころか逆効果で、教師に対する暴力や不登校など反社会的な行動 (antisocial behaviors) を促すというアーギュメントです。

□ intellectual development

体罰が与えるネガティブな影響で pro のアーギュメントになります。体罰がうつ病 (depression) や人生の目的の欠如 (lack of purpose in life) を引き起こし、それが学力低下につながるという主張です。

□ physical injuries

体罰を受けた生徒のうち、打撲(bruise)、外傷(external injury)、骨折(fracture)や鼓膜損傷 (eardrum damage) などの被害を受けているというエビデンスもあり、pro の強いアーギュメントです。

【con の場合】

□ maintain order

体罰はクラス秩序維持に必要 (necessary for maintaining order in the class) で con のアーギュメントになりますが、あまり強いアーギュメントではありません。強いか弱いかを判断する場合は、それが何％位に当てはまるかを考えましょう。75％だと "generally good!" ですね。50％だと "it depends" で、25％だと弱いアーギュメントになります。ではこの場合はどうでしょう？　体罰なしではクラスを運営できないほどの問題児の多い "極道スクール" が全体の何％位でしょうか？　25％以下だと弱いアーギュメントになります。また二次試験で、体罰の他に停学処分や親の呼び出しなどの方法があるのでは？と突っ込まれると困ってしまいますね。

□ teach lessons

体罰により生徒に教訓を与える (teach lessons) と con のアーギュメントになります。善悪を教えるのに非常に効果的である (effective in teaching students what is right and wrong) というアーギュメントです。体罰賛成派は、実社会では犯罪を犯すと懲役や死刑などの罰が与えられるのと同様に、学校を子供の社会と考えた場合に体罰という形をとるべきだという主張をしています。

□ deterrence

痛いので (Because of its painful nature) 抑止力があるという、con のアーギュメントです。

このように、体罰を肯定するエビデンスは少ないことがわかります。二次試験の反対意見の質問に答えられるためには、pros の方が有利でしょう。

サンプルを check！

添削あり★

それでは、次のサンプルを見てみましょう。右のページで添削と解説をしています。

---

❶ Corporal punishment has been outlawed in many countries in recent decades. Although some argue that it is still necessary for disciplining problematic students, personally I believe that physical punishment should be banned for the following three reasons.

❷ Firstly, corporal punishment will damage relationships between teachers and students. It will develop students' antisocial behaviors including violence against teachers and refusal to go to school. Therefore it does not work at all to maintain order in class for class management, rather it will work negatively to develop students' aversion to authority like teachers.

Unit 3

添削&解説

❶ イントロダクションでは、体罰についての現状を述べ、(イギリスのように)体罰が必要であるという主張もあるが、体罰は禁止されるべきであると自分の意見を述べています。

❷ 最初の理由の、「体罰は教師と生徒の関係を壊す」~~damage relationships between teachers and students~~ は、ポイントとしては具体的すぎます。エッセイを書く時は、"general から specific" と論を進め、次の It will develop students' antisocial behaviors をポイントにして、次の「生徒の教師に対する暴力や不登校 (violence against teachers and refusal to go to school)」をサポートにしましょう。

そうすれば、それが先生など「権力のある者に対する嫌悪感 (students' aversion to authority like teachers)」を子供たちに植え付けることになり、「生徒の不登校や教師に対する暴力 (**students' refusal to go to school**, or even **their violence against their teachers**)」が論理的につながってくるわけです。実際、体罰により授業をさぼったり (truancy)、未成年の飲酒 (underage drinking)、窃盗 (stealing) など反社会行動が増えたというエビデンスが多数あり、強いアーギュメントです。

第3章 エッセイ／スピーチ

❸ Secondly, physical punishment can cause mental disorders such as depression, and in the worst case, result in suicide. Some studies suggest that physical punishment is damaging to character development and increases the risk of mental disorders. These mental problems can seriously undermine students' academic performance or even jeopardize their life.

❹ Finally, corporal punishment can easily escalate into student abuse. In that case, teachers inflict debilitating physical injuries to students that could prevent them from continuing their studies. For example, some students may be hospitalized for several days to recuperate from physical injuries.

❺ In conclusion, I believe that corporal punishment should not be allowed for the above-mentioned three reasons: deteriorating relationships between teachers and students, mental disorders and physical injuries.

Unit 3

添削&解説

❸　2つ目の理由は、体罰と精神障害との関係ですね。これもポイントとサポートのマッチングがよくありません。ポイントが、cause mental disorders such as depression, and in the worst case, result in suicide だとすると、その後の体罰は「性格形成に悪影響を及ぼす (damaging to character development)」や、「学業が低下する (seriously undermine students' academic performance)」がサポートになっていません。

　そこで、ポイントを「体罰は性格形成に悪影響を及ぼす (**corporal punishment can seriously undermine children's mental development**)」とし、サポート1を「恐怖心やうつ病の原因になり、最悪自殺に発展 (**it often causes fears and sometimes depression, and in the worst case, suicide.**)」、サポート2を「学業を低下させる (**Those mental problems can also seriously undermine student's academic development.**)」とすればよくなりますが、❷の antisocial behaviors にオーバーラップしてきます。

❹　3つ目のポイント、「体罰が虐待にエスカレートしやすい」は特殊な事例の1つでポイントとしてふさわしくなく、「体罰で (seriously でなくても) 生徒に怪我をさせる可能性がある (**corporal punishment can cause physical injuries to students.**)」がポイントです。

　サポートは、どのような怪我かを具体的に述べましょう。体罰が違法の日本の文科省の調査データによると、それでも打撲 (bruise) (11%) に続き、外傷 (external injury) (7%)、骨折 (fracture) や鼓膜損傷 (eardrum damage) など (6%) などの被害を受けているというエビデンスがあります。実際に体罰が合法とされているアメリカ19州ではより頻繁で、最悪のケースでは公立小学校で、激しい体罰の後で病院に運ばれた生徒達の事も報告されています。

❺　結論では、ボディーで述べた3つの理由を句でまとめましょう。反社会的な行動の助長 (**development of antisocial behaviors**)、精神障害の可能性 (**potential mental disorders**)、そして時折起こる肉体的損傷 (**occasional physical injuries**) です。

これに対して cons のアーギュメントは以下のようなものが挙げられます。

❌ 反対のアーギュメント

1 Corporal punishment is **necessary for maintaining order in the class for class management. It is almost impossible to control problem students who disturb the class** without corporal punishment.
（体罰はクラスの秩序を維持するために必要で、体罰なしで、授業を妨害する問題生徒を抑えることは、ほとんど不可能である）

2 Corporal punishment is **very effective in teaching students what is right and wrong.** They can learn valuable lessons from the punishment.
（体罰は善悪を生徒に教えるのに非常に効果的で、罰を受けることで、生徒は貴重な教訓を学ぶことができる）

3 **Because of its painful nature,** corporal punishment can **work as a deterrent to students' bad behaviors.** Students who observe the punishment will **refrain from disruptive behavior for fear of punishment**.
（苦痛を伴うため、体罰は生徒の悪行の抑止効果がある。体罰を見た生徒は、体罰に対する恐怖心から、破壊的行為を控えるだろう）

それでは、添削後のエッセイを見てみましょう。

Corporal punishment is a highly controversial issue in the world, and, in fact, it was abolished in many countries in recent decades. Although some argue that it is still necessary for disciplining problematic students, personally I believe that physical punishment should be banned in schools for the following three reasons.

Firstly, corporal punishment will develop students' antisocial behavior. It will cause intense dislike toward their teachers among children, which can lead to students' refusal to go to school, violence against their teachers, and even rebellion against the authorities.

Secondly, corporal punishment can cause physical injuries to students. Surveys show that the most common injury resulting from corporal punishment is bruise, and others are external injuries, fractures, eardrum damage and so forth. Some students in US public schools were even taken to the hospital after repeated corporal punishments.

Finally, corporal punishment has the potential to have a damaging effect on children's intellectual development. It often causes a fear of their teachers and sometimes even depression. Those emotional problems can also seriously undermine student's academic development.

In conclusion, for the above-mentioned three reasons, likely development of antisocial behaviors, potential damage to intellectual development, and likely physical injuries, I believe that corporal punishment should not be allowed.

エッセイ全文訳

　学校での体罰は、世界中で大きな物議を醸している問題であり、事実ここ数十年間で多くの国で、法律で禁止されてきている。問題のある生徒を懲らしめるためには体罰が必要だと主張する人もいるが、個人的には以下の3つの理由から、学校での体罰は禁止されるべきだと私は考える。

　第一に、体罰は生徒の反社会的な行動を促す。それは先生に対する嫌悪感を子供たちに植え付ける原因となり、不登校や教師に対する暴力、そしてさらには権威に対する反逆にさえつながる可能性がある。

　第二に、体罰は生徒に肉体的損傷を与える可能性がある。調査によると、体罰の結果受ける最も一般的な損傷は打撲でその他に外傷、骨折、鼓膜損傷などがある。アメリカの公立校では、度重なる体罰の後、病院に運ばれた生徒もいるという報告もある。

　最後に、体罰は子供の知的発育に悪影響を及ぼす可能性がある。子供が教師に対し恐怖心を持ち、うつ病の原因にさえなる事もある。またこれらの精神障害が子供の学力向上を著しく妨げる事もある。

　結論として、上記の理由、すなわち反社会的な行動の助長、精神障害の可能性、起こり得る肉体的損傷のため、学校での体罰は許されるべきではないと私は確信している。

それでは、添削後のスピーチを見てみましょう。

Corporal punishment has been outlawed in many countries in recent decades. Although some argue that it is still necessary for disciplining problematic students, personally I believe that physical punishment should be banned in schools for the following three reasons.

Firstly, corporal punishment will develop students' antisocial behavior. It will cause intense dislike toward authority among children, which can lead to students' refusal to go to school, or even violence against their teachers.

Secondly, corporal punishment can cause physical injuries to students. Surveys show that the most common injury resulting from corporal punishment is bruise, and others are external injuries, fractures, eardrum damage and so forth. Some students in US public schools were even taken to the hospital after repeated corporal punishments.

Finally, corporal punishment can seriously undermine children's intellectual development. It often causes fears and sometimes depression. Those emotional problems can also seriously undermine student's academic development.

In conclusion, for the above-mentioned three reasons, development of antisocial behaviors, potential mental disorders, and occasional physical injuries, I believe that corporal punishment should not be allowed.

スピーチ全文訳

　学校での体罰は、ここ数十年間で多くの国で法律で禁止されてきている。問題のある生徒を懲らしめるためには体罰が必要だと主張する人もいるが、個人的には以下の３つの理由から、学校での体罰は禁止されるべきだと私は考える。

　第一に、体罰は生徒の反社会的な行動を促す。それは権力者に対する嫌悪感を子供たちに植え付ける原因となり、生徒の暴力や不登校や教師に対する暴力につながる可能性がある。

　第二に、体罰は生徒に肉体的損傷を与える可能性がある。調査によると、体罰の結果受ける最も一般的な損傷は打撲でその他に外傷、骨折、鼓膜損傷などがある。アメリカの公立校では、度重なる体罰の後、病院に運ばれた生徒もいるという報告もある。

　最後に、体罰は子供の知的発育に悪影響を及ぼす。子供が恐怖心を持ちうつ病の原因になる事もあり、最悪の場合自殺に追い込まれることもある。またこれらの精神障害が子供の学力向上を著しく妨げる事もある。

　結論として、上記の理由、すなわち反社会的な行動の助長、精神障害の可能性、そして時折起こる肉体的損傷のため、学校での体罰は許されるべきではないと私は確信している。

---

words & phrases

- corporal punishment, physical punishment in schools　体罰：学校での体罰
- outlawed, illegal　法律で禁止されている
- discipline problematic students　問題のある生徒を厳しく指導する
- develop students' antisocial behaviors　生徒の反社会的な行動を促す
- refusal to go to school　不登校
- aversion[dislike] to[toward] authority　権威者の反感
- mental development　精神発達
- mental disorder　精神障害
- depression　うつ病
- undermine students' academic performance　生徒の学業が低下する
- physical injuries　肉体的損傷
- bruise, external injury　打撲；外傷
- fracture, eardrum damage　骨折；鼓膜損傷

Unit 3

「教育」関連Q&Aトレーニング

Q4

What country has an ideal education system that can be a good model for other countries?

解答例

I think that Finland presents a good educational model for other countries for two reasons. First, despite a lack of ordinary competitive, test-based systems, Finnish students aged 15-16 rank among the highest on the international tests in math, science and reading in the 2000s, because Finnish education develops students' passion for study. Second, teachers are highly qualified. Would-be teachers are required to get a master's degree with a government's subsidy, and when they become teachers, they are required to take a free two-hour course in professional skill development every week. **(95 words)**

---

words & phrases
- test-based models　テストに基づくモデル
- academic performance　学業成績
- be qualified　資質のある
- would-be teacher　未来の教師
- subsidy　助成金

ここを押さえて！

「他国のモデルとなる理想的教育制度を持つ国」は教育分野で必ず狙われるトピック。ここではフィンランドを挙げ、理由は次のように説明しています。

❶ テストを廃し (no test-based education)、勉強への情熱を教える教育に徹した結果、世界トップ水準の学力となった。
❷ 国の助成金 (government's subsidy) により全教員は、修士号の取得と毎週スキルアップのための講座受講が必須とされ、高い資質を備えている (highly qualified teachers with MA)。

このように的確なデータを用意し、ポイントをサポートすることが重要です。日頃から頻出トピックに関連する文献を読み、できれば自分の言葉でまとめておくとよいでしょう。ちなみに上の解答の international tests とは、経済協力開発機構 (OECD) が3年に1回実施する国際的な生徒の学習到達度調査 (Programme for International Student Assessment, PISA) のことで、加盟国の15〜16歳の読解力、数学や科学などの到達度の国際比較 (comparison of education attainment across the world) のデータとしてしばしば参照されています。そして、PISAの最近のランキングでは上海、シンガポール、香港などアジア諸国が上位を占めていることも知っておきましょう。

関連質問にはこう答える！

Q: Is the Japanese education systems a good model for other countries?
（日本の教育制度は他国の良いモデルか？）

➡ これは、Yesなら次の2つの理由が挙げられます。

❶ lecture-oriented classes effectively providing students with knowledge of various subjects（さまざまな科目の知識を効果的に生徒に教える講義形式）
❷ activities nurturing their cooperative spirit such as cleaning duties, athletic meets, and provision of school lunches（小中高での掃除当番・運動会・学校給食など協力精神を養う活動）

Noなら、次の2つの理由が挙げられます。

❶ rote memorization undermining the development of creativity and problem-solving ability
（創造性や問題解決力が育たぬ詰め込み教育）

Unit 3

❷ competitive, exam-centric education with little emphasis on moral education
（道徳教育に重きをおかない、競争の激しいテスト中心教育）

　みなさんは、どちらが強いアーギュメントだと思いますか？　これは甲乙つけがたいのですが、あえて No でアーギュメントを進めるなら「creativity が重視されている昨今、テスト中心の詰め込み教育はモデルとは言えない」と主張しましょう。また Yes なら、「アジア諸国では、日本の教育は協力精神を培う (cultivate their cooperative spirit) としてモデルとなっている」などとサポートを入れながら主張しましょう。いずれのスタンスをとるにしても、試験官からの反論を予測して、自分とは反対側の key points を意識しておく必要があります。

【その他関連質問】
Are educational standards in Japan declining?
（日本の教育水準は低下しているか？）

Q5

> Should teachers be responsible for parenting their students?

解答例　　　　　　　　　　　　　　　　　　　　　　　CD 40

It may not be a teacher's responsibility but it is better for teachers to play parenting roles for two reasons. First, with a rapid increase in the number of working couples, most parents today are much busier than they used to be because of the triple burden of working and taking care of their children and elderly parents. School teachers should pick up the slack in parenting. Another reason is that teachers can most effectively develop their students' discipline. Taking advantage of the school educational environment, teachers can more effectively teach their students social rules and manners that most parents find difficult to teach. Therefore I strongly believe that teachers should compensate for lack of parental care and discipline.

(122 words)

---

words & phrases
- pick up the slack　不足を補う
- take advantage of　〜を利用する
- compensate for　〜を補う
- parental care and discipline　親による子育てとしつけ

ここを押さえて！

「教師に子育て義務があるか？」は教育・家庭分野をまたがる重要トピック。parentingの英語の定義は広く、「成人するまでの子供の心身・社会性・経済性・知性の各面から子供の成長を促し、支えるプロセス（process of promoting and supporting the physical, emotional, social, financial, and intellectual development of a child from infancy

Unit 3

to adulthood)」を指します。この定義を踏まえ、ここでは、「教師の義務ではないかもしれないが、教師が子育ての役割（parenting roles）を果たした方がよい」とし、その理由として、次の2点を挙げています。

❶ 仕事と子供の世話と親の介護で超多忙な親（parents' extremely busy schedule with working and caring for their children and elderly parents）の子育てを教師が補うべき
❷ 教師は学校という教育的な環境で、親には難しい社会の規律やマナーを効果的に教えられる（school teachers' effective teaching of social rules and manners to kids in the school educational environment）

試験官の反論にはこう答える！

Q: Don't you think that schoolteachers are too busy teaching academic subjects to play parenting roles?
（教師は学科教授で忙しく、子育ての役目までは難しいのでは?）

➡ずばり答えは、It depends.（場合による）で、「成績を重視する名門校（academic achievement-oriented prestigious schools）ではおそらく難しいが、一般の高校では可能。結局、学科を教えるのと同時に、parental rolesの範疇である「子どもの社会性や知的成長（their social and intellectual development）」を助け、EQとIQバランスを保つ教育をする（provide education with an EQ/IQ balance）のが、理想の教師」と答えましょう。

【その他関連質問】

Can working parents play a sufficient role in raising their children?
（共稼ぎの両親は子育てで十分な役割を果たせるか?）

Q6-1

What are the causes of juvenile delinquency?

解答例

I think that there are several factors in causing juvenile delinquency. The primary cause is lack of parental love and guidance. Today's parents are too busy with their work to take care of their children or give them moral guidance. The second cause is a harmful influence of the media on young people's minds. Prolonged exposure to sex and violence on the media undermines their sense of morality. The third cause is exam-centric education with little emphasis on character development. Under the system, underachievers tend to become juvenile delinquents to release their frustration with their poor academic performance. **(102 words)**

---

words & phrases
- exam-centric education 試験中心の教育
- character development 人格育成
- release one's frustration 欲求不満を発散する

ここを押さえて！

教育分野でも最重要の「**非行の原因**」を問う問題。

juvenile delinquencyの英語の定義は日本語より広く、十代の若者による違法行為 (lawbreaking activities) だけでなく、不登校 (truancy)、保護者による監督がない状態 (being unsupervised by a suitable adult guardian) も含みます。解答例では、次の3つを主な原因に挙げています。

❶ 親の愛と道徳教育の欠如 (lack of parental love and guidance)

❷ **性や暴力シーンを写すメディアの若者に及ぼす悪影響**（harmful influence of the media broadcasting too many sex and violent scenes）
❸ **人格育成を軽視した試験中心型教育**（exam-centric education with little emphasis on character development）**により、成績不振者がストレスを晴らす**（underachievers releasing their pent-up frustration with their poor academic performance）

さらに説得力あるアーギュメントにするには!!

❶のサポートとして、親の愛の欠如は、「違法行為を行う積極的非行（aggressive juvenile delinquency）だけでなく、不登校問題の増加という消極的非行（passive juvenile delinquency）にもつながり、大きな社会問題になっている」と続けると、広がりのあるスピーチとなります。

❷のサポートとしては、「インターネットやコンピューターゲーム依存（addiction to the Internet and computer games）の結果、現実と虚構の区別がつかなくなる（cannot draw a line between fiction and reality）」をあげても強いアーギュメントとなります。

その他、たとえば What do you think about increasing disruptive behavior in school classrooms?（教室での破壊行為の増加）の質問が出ても、I think that it's a regrettable situation. The reason is threefold. の後、本問の3つの key points を同様に述べればよいわけです。使いまわしのきくネタですので、しっかり話せるように、友達に聞き役になってもらうなどして、トレーニングしておきましょう。そして、必ず聞かれる打開策も次ページでチェックしておきましょう。

Q6-2

What are countermeasures for juvenile delinquency?

解答例

I think that there are several countermeasures for juvenile delinquency. First, parents should spend more time and energy on guidance and discipline of their children with love even if parents are very busy with their work. They are essential for the mental development of their children. Second, schools should hire school counsellors and social workers who provide support for students to compensate for lack of parental guidance and love. Third, schools should allocate more time for moral education to promote EQ development among children. **(84 words)**

words & phrases　□ allocate more time for ~　～により多くの時間を割り当てる

ここを押さえて！

「非行の原因」とセットで必ず問われるのが「青少年非行の対策法」。

❶ 親が愛を込めて、もっと時間とエネルギーを子供のしつけに向ける
 (parents' spending more time and energy on disciplining their children with love)
❷ 親のガイダンス・愛情不足をプロが補完する
 (professionals' support for children with less parental guidance and love)
❸ 学校の道徳教育により子供の情緒面の発達を促進する
 (schools' moral education to promote children's EQ development)

　この3つを解答では挙げています。❶が理想ですが、それが苦しい場合は、❷のプロの出番となります。米国で活発な活動をしている、ボーイ［ガール］ス

カウト (the Boy / Girl Scouts) のようなレクリエーション組織や青少年のための団体スポーツ (team sports for juveniles) などの組織が果たす役割をサポートにあげても、強いアーギュメントになります。

　これらの情報をもとに、その他の関連質問の Are moral values on the decline in today's society?(今日の社会でモラルは低下しているか?)、Should moral values be taught in school?(学校で道徳教育をするべきか?)などの意見もまとめておきましょう。

Unit 4 医学

安楽死や臓器移植などといった、医療に関する1つのスピーチ／エッセイと4問のQ&Aに挑戦しましょう。

- Write an essay on the given TOPIC.
- Give THREE reasons to support your answer.
- Structure : Introduction, main body, and conclusion
- Suggested length : 200 - 240 words

添削なし★

Topic 1

Do the benefits of euthanasia outweigh the disadvantages?

CD 43

★安楽死の利点はマイナス点を上回るかどうかというトピックです。この"... outweigh ..."型のトピックは、"Should ..."で始まるトピックとは異なり、利点とマイナス点を比較しなければいけません。もちろん賛成か反対かははっきり主張すべきですが、反対意見にも少し触れ、それでもやはり…と巻き返すのがコツです。この"巻き返し"がないと、主張がはっきりせず一体何が言いたいのかわからないと取られ、低く評価されるので要注意です。

それではまず pro か con かのスタンスを決めて、次にポイントになる語句を考えてから、キーアイディアを作ってみましょう。

Unit 4

🧠 ポイントとキーアイディアを考えてみよう

【pro の場合】
□ incurable disease

安楽死の主な 2 つの適応条件は、①不治の病（**incurable diseases**）の末期患者（**terminally-ill patients**）②堪え難い苦痛（**excruciating pain**）なので、不治の病でしかも耐え難い苦しみや痛みを伴う場合はということで pro の強いアーギュメントになりますね。

□ human dignity

尊厳死（**death with dignity**）の事なので pro のアーギュメントです。

□ medical costs

延命治療（**life-sustaining [life support] treatment**）には莫大な費用がかかるので、pro のアーギュメントになります。

【con の場合】
□ murder

安楽死は殺人と同じである（**equivalent [tantamount] to**）ということで con のアーギュメントになります。

□ palliative care

緩和治療で苦しみを抑えて自然死を待つ方がいいということで con のアーギュメントです。

【pro/con 両方で使える】
□ family

家族の経済的負担が軽くなるという点では pro ですが、家族が罪の意識を感じ、精神的負担が重くなるという点では con のアーギュメントにもなります。

このように、4：3 で pro (benefits) が上回るとした方が若干書きやすいようですが、この他にも con の強いアーギュメントとして、医療研究の発展の妨げとなる（**undermine the development of medical research**）というのがあります。医師が緩和医療や難病への治療の開発を断念してしまうからです。

サンプルを check！

それでは、このトピックのスピーチ／エッセイを作成してみましょう。

❶ Legalization of mercy-killing has been one of the most controversial issues in the world. Although some people point out serious problems with euthanasia, I think that the benefits of euthanasia outweigh the disadvantages for the following three reasons.

❷ Firstly, euthanasia can eliminate agonizing pain of terminally-ill patients with no hope of recovery. When moribund cancer patients suffer from excruciating pain, they have the right to die with human dignity by doctor-assisted euthanasia. It is inhumane not to relieve those patients of unbearable pain.

Unit 4

解説

❶ イントロダクションは、雛形です。安楽死は世界中で最も論議を醸し出している問題の一つです。**... a highly controversial issue ...** や、**... one of the most controversial issues** などは、controversial なトピックには是非使いましょう。controversial とは pros と cons に意見が分かれて常に議論されていることです。まさに安楽死は highly controversial ですね。

❷ まず安楽死の第一のメリットは、「回復の見込みのない末期患者の激痛を除去する(**eliminate agonizing pain** of terminally-ill patients **with no hope of recovery**)」ことです。そして、それをサポートするために適応条件の1つである末期患者の「尊厳死の権利(**the right to death with dignity**)」を主張しています。

安楽死とは「積極的安楽死(**active euthanasia**)」と「消極的安楽死(**passive euthanasia**)」に分かれますが、ここでの主張はスイスやオランダなどで合法化されている「積極的安楽死(active euthanasia)」で、「自殺幇助(physician-assisted suicide)」とも言われます。「激しい痛み(excruciating pain)」に苦しむ「瀕死状態の癌患者(**moribund cancer patients**)」は、「医師の幇助による安楽死で(**by doctor-assisted euthanasia**)、尊厳を持って死ぬ権利がある(the right to die with human dignity)」と主張しています。激しい痛み = **excruciating pain** は、agonizing pain や unbearable pain などの言い換えも覚えましょう。

最後に、治る見込みがない患者にこのような苦しみを与え続けるのは「残酷だ(It is inhumane)」とサポートしています。ここでは安楽死に関する単語やフレーズの言い換えなどを覚えて、ワンパターンにならないように変化をつけましょう。

❸ Secondly, mercy-killing reduces a financial burden on patients, their family members, and the government. Medical treatment for patients in a vegetative state under a life-support system requires a huge medical cost. However, euthanasia by disconnecting the life support system greatly reduces government's medical expenditure for those comatose patients and decreases the financial burden on their family members.

❹ On the other hand, opponents argue that euthanasia is tantamount to murder, and will discourage the development of palliative care and treatment of incurable diseases. However, I believe that the need to eliminate patients' agonies and the huge financial burden outweigh the cases against murder and an obstacle to medical development.

Unit 4

解説

❸ 2つ目の理由は、安楽死が患者やファミリーや政府の経済的な負担を軽くするというアーギュメントです。これは強い argument です。

患者やファミリーだけでなく government の負担、特にこれが大きいですね。先ず general な主張を述べて、サポートで「生命維持装置を使った植物状態の患者の延命治療（Medical treatment for **patients in a vegetative state under a life-support system**）」に莫大な医療費がかかると具体例を述べ、しかしながら安楽死で「生命維持装置を外す（disconnecting the life support system）」ことにより、このような利点があると主張しています。これは1つ目の「積極的安楽死（active euthanasia または doctor-assisted euthanasia）」とは異なり、「消極的安楽死（passive euthanasia）」と言います。リアルですが説得力があり強いアーギュメントです。

❹ さて、ここで反対意見に触れます。「一方反対派は（On the other hand, opponents argue that ...）」で、安楽死のマイナス点を少し述べます。

反対意見を述べる場合、**on the other hand,** が使いやすいでしょう。「安楽死は殺人に等しく（**euthanasia is tantamount to murder**）、緩和治療や難病の治療の開発を妨げる（will **discourage the development of palliative care** and treatment of incurable diseases）」これくらいで十分です！ いいですか、その後すぐに **However で巻き返す**ので、あまり書きすぎないようにしてください。しかしながら私は…という、自分の主張を信じる（However, I believe that ...）と、必ず**アーギュメントに一貫性**を持たせてください。「しかしながら、私は、殺人やら医療開発の妨げやらなんかより、生き地獄の患者の苦しみや政府の莫大な負担の深刻さを考えると、安楽死は必要だと信じる！」と、言い切ってくださいね。

❺ In conclusion, amid the growing tendency for legalization of euthanasia in the world, I believe that the above-mentioned benefits of euthanasia, elimination of agonizing pain and reduction of the above-mentioned financial burdens carry more weight than the disadvantages.

Unit 4

解説

❺ 結論ではもう一度アーギュメントのポイントを句で述べてください。安楽死の合法化が世界の動向である今、苦痛の除去 (elimination of agonizing pain) や、上で述べた医療費の軽減 (reduction of the above-mentioned financial burdens) といった安楽死の利点のほうが、そのマイナス点より重要であるとまとめています。

いかがでしたか？ ではここで、the disadvantages of euthanasia outweigh the benefits のアーギュメントも見てみましょう。

❌ 反対のアーギュメント

1 Euthanasia runs counter to the medical ethics, which holds that a doctor's duty is to save patients' lives, not kill them.

（安楽死は医学の倫理に反するものである。医師は患者命を奪うのでなく救う義務がある）

2 Euthanasia will undermine the development of medical science, discouraging the development of palliative care and treatment of incurable diseases.

（安楽死は、医師が緩和医療の開発や治療不可能な病気への治療を断念してしまい、医学の発展の妨げとなる）

3 Mercy-killing gives a great deal of mental burden on doctors and the patient's family members, since it is difficult to draw a line between euthanasia and murder.

（安楽死と殺人の線引きが難しいので、医師や患者の家族に多大な精神的負担をかける）

全文訳

　安楽死の合法化は、世界中で最大の議論の的となっている問題の1つです。安楽死の重大な問題点を指摘する人もいるが、以下の3つの理由から、安楽死の利点のほうがそのマイナス点を上回っていると私は考える。

　第一に、安楽死は回復の見込みのない末期患者の耐えがたい苦痛を取り除くことができる。壮絶な苦しみに耐える瀕死状態の癌患者は、医師の幇助による安楽死で尊厳を持って死ぬ権利がある。そのような患者の耐え難い痛みを和らげないのは残酷である。

　第二に、安楽死は患者や介護する家族、そして政府の経済的負担を軽減する。生命維持装置を使った植物状態の患者の治療には、莫大な費用が必要とされるが、安楽死で生命維持装置を外すことにより、政府が植物状態の患者に負担する医療費や患者の家族の経済的負担を大きく減らすことができる。

　だが一方では、安楽死は殺人に等しく、また緩和治療や難病の治療の開発を妨げるものだと言う反対派の意見もある。しかしながら、殺人と訴えられたり医療の開発の妨げとなるといった事よりも、患者の苦悩や莫大な経済的負担を緩和する事の方がより必要であると私は確信している。

　結論として、安楽死の合法化が世界の動向である今、苦痛の除去や上で述べた医療費の軽減といった安楽死の利点のほうが、そのマイナス点より重要であると、私は信じる。

Unit 4

words & phrases

- I think that A outweigh B [= I value A over B]　BよりAが重要だと考える
- incurable diseases　不治の病、難病
- terminally-ill patients　末期患者
- have the right to die with human dignity　尊厳死の権利がある
- excruciating [agonizing, unbearable] pain　激しい痛み
- doctor-assisted euthanasia　医師の幇助による安楽死
- It is inhumane to-V　〜するのは残酷である
- reduce a financial burden on 〜　〜への経済的負担を減らす
- patients in a vegetative state　植物状態の患者
- disconnect the life-support system　生命維持装置を外す
- medical expenditure　医療費
- tantamount to murder　殺人に等しい
- palliative care　緩和治療
- an obstacle to medical development　医療開発の妨げ

第3章　エッセイ／スピーチ

「医療」関連 Q&A トレーニング

Q1

What country has the best healthcare system in the world?

解答例

I think that Japan has the best healthcare system in the world. Japan has a universal and egalitarian healthcare system that provides world-class medical services to everyone including those with serious illnesses at affordable costs. This affordability is due to strict government regulations on medical fees. Depending on the income and the age of the insured, patients are required to pay 10%, 20% or 30% of medical fees with the government paying the remaining fee. Low-income households on welfare are exempt from payment of medical fees.

(86 words)

words & phrases
- **universal healthcare system** 国民皆保険制度
- **egalitarian** 平等主義の
- **at affordable costs** 良心的な料金で
- **the insured** 被保険者
- **low-income households** 低所得世帯
- **on welfare** [政府による]生活保護を受けて
- **exempt from ~** ~を免除された

ここを押さえて！

「どの国の医療制度が世界一か?」は、皆が注目する最重要医療トピックのひとつ。ここでは日本を取り上げ、その理由は、「日本には国民皆保険制度 (universal healthcare system) があり、良心的な費用 (affordable costs)で、皆が世界最高水準の医療サービス(world-class medical services)を平等に享受できるから」とし、サポートでは、「被保険者(the insured)の所得や年齢により1・2・3割の本人負担となり、残りは政府が負担し、生活保護を受ける低所得世帯(low-income households on welfare)は無料」と詳しくサポートしています。

さらに説得力あるアーギュメントにするには!!

その他のサポートとしては、日本が世界最長寿(the longest life expectancy in the world)と世界最低水準の幼児死亡率(the world's lowest infant mortality rates)を誇る一因にこの国民皆保険があり、さらに日本の医療体制は、安価で超高度な医療を好きな時に受診できる点で、世界のrole modelといえる」と追加すると、さらに説得力が増すでしょう。

試験官の質問にはこう答える!

Q: Is medical care too expensive in Japan?
(日本の医療は高額すぎるか?)

➡上述のとおりNOで、本人負担は1〜3割と比較的安価(ちなみに米国の医療費の半額)と答えましょう。

また、Should everyone be entitled to free healthcare?(医療費は全員無料にするべきか?)には、No. it's financially out of the question in Japan.(予算的に日本では無理)で、理由は「日本の医療費は昔は1割、今は3割だが、深刻な高齢化のため、負担率をさらに上げないと、財政的に苦しい状況だ。「18歳まで医療費無料のスウェーデンのように、消費税率を(生活用品25%、食料品12%、新聞6%と差をつけつつも)高く設定して財源を確保しないと、医療無料化は不可能(Free healthcare is unrealistic unless the Japanese government secures a source of revenue by increasing consumption tax to the level of Scandinavian countries)」などと答えましょう。

Q2

What makes organ transplants so controversial?

解答例

I think that there are two major factors in making this issue so controversial. The first factor is lack of national consensus about the definition of death. Although brain death is defined as human death under the Organ Transplant Law, many people are still reluctant to accept brain death as death. The second factor is a likely degradation of the human body and human dignity. Organ transplants will encourage organ trafficking, thus commodifying human bodies. They will also trample on human dignity by damaging the dead bodies. **(87 words)**

words & phrases
- brain death 脳死
- the Organ Transplant Law 臓器移植法
- degradation of the human body and dignity
  人体と人間の尊厳を傷つけること
- organ trafficking 臓器の闇取引
- commodify the human body 人体を商品として扱う
- trample on 踏みにじる

ここを押さえて!

「臓器移植の争点」を問う医療の必須トピック。解答例では、以下の2点を挙げています。

❶ 死の定義に関する国民のコンセンサスの欠如 (lack of national consensus about definitions of death):臓器移植法が定める脳死を人の死と受け入れがたい人も多い

❷ 人体や人間の尊厳を傷つける (degradation of the human body and human dignity):臓器の闇取引 (organ trafficking) や人体商品化 (commodifying the human body) の助長

Unit 4

❓ 関連質問にはこう答える！

　この問題に関連して、移植用の臓器不足の打開策（countermeasures for donor shortage）はよく問われる質問ですが、臓器移植に「同意した人（only those who have given explicit consent）」がドナーカード（donor card）を持つ "opt-in system" ではなく、スペイン、オーストリア、ベルギーの成功例のように「不同意の人（anyone who has not refused）」のみがカードを持つ "opt-out system" の導入で、ドナー率を飛躍的に伸ばす（significantly increase the donor rate）ことができると、データも示しながら答えると説得力があります。

Q: Should organ transplants be made more available in Japan?
（日本でもっと臓器移植をもっと利用できるようにするべきか？）

⇒定番のこんな質問には、Yesで次のように答えるとよいでしょう。

> ❶ 臓器移植がなければ死んでしまう、不治の病の患者の命を救う（saving the lives of patients with incurable diseases）
> ❷ 身体機能と体力を回復させ（recover patients' physical functions and strength）、患者の生活の質を高める（enhancing the quality of their life）

　また、Would you be willing to donate your organs after death?（死後あなたは喜んで臓器を提供しますか？）のように、個人的見解を問われる場合もありますので、自分のスタンスを考えておきましょう。

Q3

What are the causes of mental illnesses?

解答例　　　　　　　　　　　　　　　　　　　　　CD 47

I think that there are several causes of mental illnesses. First, traumatic, life-threatening experiences such as natural disasters and death of one's beloved family members or friends cause tremendous mental suffering or emotional disorders. Second, business restructuring or bankruptcy due to economic recession has a devastating impact on mental conditions of company employees and self-employed people. Third, failures in job hunting and college admission can cause mental depression. Fourth, lack of social support for women taking care of their children and sick elderly parents isolates them from society, thus negatively affecting their mental health.

(96 words)

words & phrases
- mental suffering　精神的苦悩
- emotional disorders　情緒障害
- business restructuring　リストラ
- college admission　大学入試
- mental depression　精神のうつ状態

ここを押さえて！

医療分野で注目されている「**心の病気の要因**」を問う問題。ここでは、次の4点を挙げています。

❶ トラウマとなる生死を脅かす体験（traumatic, life-threatening experiences）：自然災害、愛する家族・友人の死（death of one's beloved family members and friends）

❷ 不況によるリストラ（business restructuring）・倒産（bankruptcy）

Unit 4

- ❸ 就職活動や入試での失敗 (failures in job hunting and college admission)
- ❹ 子育てや親の介護中の女性への社会のサポート不足 (lack of social support for women taking care of their children and elderly parents)

🗣 試験官の質問にはこう答える！

Q: Why is the number of people suffering from mental illnesses increasing these days?
（なぜ最近、心の病気が増えているのか？）

➡ リストラ、子育てや介護へのサポート不足の他に、IT機器の普及によるコミュニケーションの希薄化（decrease in interpersonal communication due to development in IT technology）、非常に競争の激しい職場環境（the highly competitive working environment）、子供の場合はいじめ（bullying）などが強い答えです。また、この質問とセットで必ず聞かれる対策法（countermeasures）の主要な解答は次のようなものです。

- ❶ メンタルヘルス専門家に相談
  (consulting with mental health professionals)
- ❷ 家族や友人に悩みを打ち明ける
  (confiding worries to your family members or friends)
- ❸ 気分が高揚する活動への参加
  (engaging in uplifting activities)

Q4

Should smoking be banned in public places?

解答例

Yes, I think so for three reasons. First, banning smoking in public places can protect nonsmokers from harmful sidestream smoke. Since sidestream smoke contains more harmful substances such as carcinogens, tar and nicotine than mainstream smoke, banning smoking in public places is a great blessing to passive smokers. Second, it can decrease environmental and fire hazards caused by cigarette littering and smoke. Imposing a fine on smoking in public places while smoking on the street will reduce littering, air pollution and outbreak of fire. Third, it saves the government budget for creating designated areas for smoking.

(96 words)

words & phrases
- sidestream smoke　副流煙
- carcinogens　発がん性物質
- mainstream smoke　主流煙
- passive smokers　間接喫煙者
- environmental and fire hazard　環境災害や火災危険
- cigarette littering　煙草のポイ捨て

ここを押さえて！

「公共の場での喫煙を禁止するべきか」は医学・経済分野をまたがる重要トピック。説得力のあるアーギュメントはYesの理由として、次の3つをあげると万全でしょう。

❶ 発がん性物質、タール、ニコチンなど有害物質を含む副流煙より非喫煙者を守る (protecting nonsmokers from sidestream smoke)

❷ タバコのポイ捨て (cigarette littering) と煙に起因する環境災害や火災の減少 (decreasing environmental and fire hazards)

Unit 4

❸ 喫煙所を作る経費の節約 (saving money for creating designated areas for smoking)

試験官の反論にはこう答える！

Q: Don't you think that a smoking ban in public places will decrease the number of customers in pubs and cafes and therefore will undermine the local economy?
（公共の場で喫煙を禁止にすると、パブやカフェなどの客が減少し、地元経済に悪影響を及ぼすのでは？）

➡ 便利な表現 in the short run（短期的には）と in the long run（長期的には）をうまく使って次のように答えましょう。In the short run, those establishments will lose heavy-smoking customers, but in the long run, it will attract more customers because a growing number of health-conscious customers will come to relax in the smoke-free environment of those establishments.（短期的には客は減るだろうが、長期的には集客増になるだろう。なぜなら無煙の環境下でリラックスするために、やってくる健康志向の客がますます増えるから）。

Q: Don't you think that a decrease in the number of smokers will undermine the national economy?
（喫煙人口の減少は国の経済全体に打撃では？）

➡ この質問も予測されますが、どう答えますか？ 「社会全体にとっては、タバコの税収（tobacco tax revenue）、たばこ関連産業の収益（profits of tobacco-related industries）、雇用創出（job creation）など喫煙による経済的利益（economic benefits of smoking）が約2兆8千億円に対して、たばこ関連の医療費（tobacco-related medical costs）や労働生産性低下（decline in labor productivity）、喫煙設備費・清掃費、火災による損失など喫煙による経済損失（economic loss of smoking）は4兆3264億円とはるかに大きく、喫煙人口が減った方が、経済は活性化する」と答えましょう。

【その他関連質問】
Should cigarette advertisements be banned?
（タバコの広告は禁止するべきか）　　　　　　　　メディアQ4参照

Unit 5 科学

原子力や宇宙探査などといった、科学に関する2つのスピーチ／エッセイと4問のQ&Aに挑戦しましょう。

- Write an essay on the given TOPIC.
- Give THREE reasons to support your answer.
- Structure : Introduction, main body, and conclusion
- Suggested length : 200 - 240 words

添削なし★

Topic 1

Should nuclear power be promoted?

CD 49

★原子力発電は推進するべきかというトピックです。原子力発電の是非を問うトピックは4段階に分けられます。これは推進するべきか（promote）ですが、他に維持する（maintain）、徐々に廃止する（phase out）、または完全になくすべきか（eliminate）などがあって、二次テストではそれによって答え方に注意しなければなりません。原子力発電は日本では福島原発事故以来とても感情的な議論（emotionally-charged issue）になってきています。エネルギー資源の少ない日本にとっては、産業を維持するために原子力発電は今の所欠かせないというのが政府の方針ですが、原発再稼働に反発する声も多々あります。皆さんはグローバルな視点から、どちらの主張が書きやすいかを冷静に判断しましょう。

　それではまずproかconかのスタンスを決めて、次にポイントになる語句を考えてから、キーアイディアを作ってみましょう。

Unit 5

ポイントとキーアイディアを考えてみよう

【pro の場合】

☐ fossil fuel / CO_2 emissions

原子力は化石燃料とは異なり CO_2 を放出しないクリーンなエネルギーですので、pro のアーギュメントになります。

☐ energy needs

世界のエネルギー需要（global energy needs）を満たすのに必要であると、これも pro のアーギュメントです。

【con の場合】

☐ accident

con のアーギュメントです。福島原発事故の惨事（disastrous accident）を例にだしてサポートしやすいですね。

☐ nuclear waste disposal

con の強いアーギュメントになります。原子炉で発生した放射性廃棄物（radioactive waste）の半減期（half-life）は数万年と言われ、放射能の漏洩（radiation leakage）の恐れなど、環境にとって有害です。

【pro/con 両方に使える】

☐ cost

原子力は他のエネルギー源に比べてコスト効率が良い（cost-effective）と主張して pro で使いますが、その一方で核廃棄物処理にかかるコストを考えない場合で、原子力発電所を建設するのにかかる莫大な費用を考えると con のアーギュメントになります。しかしその投資を回収するため（recoup the initial investment）に推進するべきだという pro の反論もできます。

☐ renewable energy

太陽光発電（solar power）や風力発電（wind power）では世界のエネルギーニーズを満たせないと pro のサポートになりますし、あるいは原子力を廃止してもこれらの代替エネルギーがあると、con のアーギュメントにもなります。ヨーロッパの例がサポートになるでしょう。

さて、pro と con どちらのほうが書きやすいでしょうか？ エッセイではどちらでも書けますが、面接で突っ込まれた場合を考えると、pro の方が強くありませんか？ 例えば "accident" は日本のような地震の起こりやすい国（earthquake-prone country）だけの問題で、アメリカや中国など大きな大陸では問題ないと切り返せます。また、太陽光発電や風力発電などの "renewable energy" も、現段階ではまだそれほど開発が進んでいないので、世界のエネルギーニーズを満たせないと反論できますね。

第3章 エッセイ／スピーチ

サンプルを check！

それでは、このトピックのスピーチ／エッセイを作成してみましょう。

❶ It has been a highly controversial issue whether or not nuclear power should be promoted in Japan especially after the Fukushima Nuclear Accident in Japan. Although some argue that it is dangerous, personally I think that it should be promoted for the following three reasons.

❷ Firstly, nuclear power is a clean energy source that produces no greenhouse gases. Unlike fossil fuels, it can generate a huge amount of electricity without emitting carbon dioxide, the major cause of global warming. With the growing threat of global warming, we should promote nuclear power to reduce CO_2 emissions.

Unit 5

解説

❶ このトピックはまさに **"It is a highly controversial issue …"** という、イントロの雛形にぴったりですね。「福島第一原発事故以来、特に controversial になってきている」と、少し変化をつけましょう。

❷ 1つ目の理由は、「温暖化ガスを出さない（**produces no greenhouse gases**）クリーンなエネルギー源」ということですね。「化石燃料とは異なり、地球温暖化の原因（the major cause of global warming）である CO_2 を排出しないで（**without emitting carbon dioxide**）、大量の電力を発電することができ、高まる温暖化の脅威の状況下で（With the growing threat of global warming）、原子力を推進するべきだ」とサポートしています。

❸ Secondly, nuclear power is a stable energy source that can meet the increasing global energy needs. Renewable energy like solar and wind power are not stable enough to meet the global energy demand. Nuclear power can supply a large amount of sustainable energy and thus can greatly promote industrial growth.

❹ Finally, nuclear power generation is more cost-effective than any other form of power generation. For example, one gram of uranium 235 can generate power equivalent to three tons of coal in thermal power generation, and it is about 3000 times less expensive. This cost-effectiveness will greatly contribute to economic growth.

❺ In conclusion, for these three reasons, no CO_2 emissions, high, stable power generation capacity and cost-effectiveness, I believe that nuclear power should be promoted.

Unit 5

解説

❸ 2つ目のキーポイントは、「安定したエネルギー源(**a stable energy source**)である」ということです。「世界の人口増加と産業の発展に伴い、増え続けるエネルギー需要に対応する(**meet the increasing global energy needs**)ためには、持続的に大量の電力を供給し続けることができる(can **supply a large amount of sustainable energy**)、原子力発電が必要である」というわけですね。「他の代替エネルギーである太陽光発電(**solar power**)や風力発電(**wind power**)は不安定なので、世界のエネルギー需要に対応できない(**not stable enought to meet the global energy demand**)」と、サポートしています。

❹ 3つ目は、「他のエネルギー源と比較して最もコスト効率が良い(**more cost-effective than any other form of power generation**)」というアーギュメントです。サポートでは、どのくらい効率がいいかを述べています。原子力発電の原料であるウラン1グラムに対して3トンの石炭が、同じ量の電力発電に必要(equivalent to three tons of coal)であり、それにかかるコストは約3,000分の1(3000 times less expensive)であると。

❺ 結論では、ボディーで述べたポイントを句でまとめましょう。
　まず二酸化炭素の排出がないこと(**no CO_2 emissions**)、高出力で安定した発電力(**high, stable power generation capacity**)、そしてコスト効率が良いこと(**cost-effectiveness**)の3点です。

では、原子力に反対のアーギュメントを見てみましょう。

❌ 反対のアーギュメント

1 Nuclear power generates a huge amount of **radioactive waste**, which is very harmful to the environment. It takes thousands of years to **dispose of radioactive waste** due to its extremely long half-life.

（原子力によって大量の放射性廃棄物が出る事になり、環境にとって非常に有害である。放射性廃棄物の処理には、その極端に長い半減期のため何千年もかかる）

2 Nuclear power plants carry a potential risk of causing devastating accidents such as the Chernobyl and Fukushima disasters.

（原子力発電所は、チェルノブイリや福島原発事故のような大事故を引き起こす危険性を有する）

3 Due to limited reserves of uranium, it is necessary to promote the development of **renewable energy** rather than nuclear power.

（ウランの埋蔵量は限られているので、原子力よりも再生可能エネルギーの開発を促進する必要性がある）

Unit 5

全文訳

　原子力発電を推進するべきかどうかという問題は、とりわけ日本で起きた福島第一原発事故以来、日本で大きな物議を醸している。危険だと言う意見はあるものの個人的には、3つの理由から原子力発電は推進されるべきだと私は考える。

　第一に、原子力は温室効果ガスを出さないクリーンなエネルギー源である。化石燃料とは違い、地球温暖化の主な原因となる二酸化炭素を排出せずに大量の電力を発電することができる。高まる温暖化の脅威の状況下で、二酸化炭素排出を減らすため原子力を推進するべきである。

　第二に、原子力は増えゆく世界のエネルギー需要に対応できる安定したエネルギー源である。太陽光発電や風力発電などの他の代替エネルギー源は不安定なので世界のエネルギー需要に対応できない。原子力は持続的に大量の電力を供給し続けることができ、国の産業発達に大きな役割を果たす。

　最後に、原子力発電は他のどんな型の発電よりもコスト効率が良い。例えば1グラムのウラン235で発電される電気は3トンの石炭に等しく、その費用は約3,000分の1である。この費用効率の高さは経済成長に大きく貢献する。

　要するに、二酸化炭素の排出がなく、高出力で安定した発電力があり、そしてコスト効率が良いという理由により、原子力発電は推進されるべきだと私は確信している。

---

words & phrases

- the Fukushima Nuclear Accident　福島の原発事故
- greenhouse gas　温室効果ガス
- fossil fuel　化石燃料
- emitting carbon dioxide, CO_2 emissions　二酸化炭素排出
- a stable energy source　安定したエネルギー源
- meet energy needs[demand]　エネルギー需要に対応する
- alternative energy sources　代替エネルギー源
- supply electricity sustainably　持続的にエネルギーを供給する
- on a large [mass] scale　大量に
- cost-effective　コスト効率がいい
- equivalent to　～に相当する

第3章　エッセイ／スピーチ

「科学」関連 Q&A トレーニング

Q1

Do the benefits of genetic engineering outweigh the dangers?

解答例

Yes, I think so for two reasons. Firstly, genetic engineering can alleviate world hunger by producing genetically modified foods. These GM foods are more resistant to disease, harmful insects and harsh weather. They also have a much longer shelf life than ordinary crops and will provide stable food crops. Secondly, genetic engineering will cure intractable and incurable diseases such as diabetes, cancer, Alzheimer's or AIDS. Some people point out ethical problems with genetic manipulation and its great health risks such as causing allergies and leukemia, but I believe that the benefits far outweigh the disadvantages.

(97 words)

words & phrases
- ☐ genetic engineering 遺伝子組み換え技術
- ☐ alleviate 緩和する
- ☐ world hunger 世界飢餓
- ☐ genetically modified food 遺伝子組み換え食品
- ☐ shelf life 保存可能期間
- ☐ intractable 手に負えない
- ☐ genetic manipulation 遺伝子操作
- ☐ allergy アレルギー
- ☐ leukemia 白血病

Unit 5

ここを押さえて！

　科学技術分野で非常に重要な「**遺伝子組み換え技術**」の是非を問う問題。説得力あるアーギュメントは Yes の立場で、以下の理由を挙げています。

> ❶ 病気や害虫・厳しい気候に強い抵抗力をもつ遺伝子組み換え食品は保存可能期間も長く（have a much longer shelf life）、食物を安定して供給し（provide stable food crops）世界規模の飢餓を救うことができる
> ❷ 遺伝子組み換え技術は難病や不治の病（intractable and incurable disease）の治療ができる

　デメリットとしては、以下の2点を挙げ、総合的には「利点が勝る」としています。

> ❶ 遺伝子操作（genetic manipulation）に関する倫理的な問題がある
> ❷ アレルギーを引き起こしたり白血病になったりする

試験官の質問にはこう答える！

Q: Should couples have the right to choose the sex of their children?
（親には遺伝子操作による子供の男女産み分けの権利があるか）

➡ 賛成の理由としては、次の2つが挙げられます。

> ❶ Parents have the right to select the gender of their offspring.（親には子供の性別を選ぶ権利がある）
> ❷ Gender selection is no different from other new medical technologies.（男女産み分けは他の新しい医療技術と変わりがない）

　なお、次のようなデメリットを考慮すると、反対側の方が強いアーギュメントになるでしょう。

> ❶ Gender selection is unethical, treating children as objects.（産み分けは倫理に反し、子供をまるで物のように扱う）
> ❷ It can cause gender imbalance in the population, which will eventually lead to late marriage and accelerate the declining birth rate.（人口における男女比率のバランスが悪くなり、結果的に晩婚化につながったり少子化を加速させたりする）

Q2

> Has technology changed education for the better?

解答例

Yes, I think so for three reasons. Firstly, teachers now use interactive multimedia technology to enhance students' learning effectiveness. For example, audiovisual images or games make their lessons more engaging and entertaining to students. Secondly, students can develop research skills effectively because they can have easy access to a wealth of information on the Internet. Lastly, e-learning gives people more opportunities to study at much more reasonable costs regardless of their geographical locations. **(74 words)**

words & phrases
- interactive multimedia technology　双方向のマルチメディア技術
- audiovisual image　視聴覚画像
- engaging　人を引きつける；興味をそそる
- a wealth of information　情報の宝庫
- regardless of ~　~とは関係なく
- geographical location　地理的な位置

ここを押さえて！

　科学技術の分野において、テクノロジーの進歩に関連するトピックは非常に重要ですが、その中から「**テクノロジーは教育を改善したか**」を問う問題。説得力あるアーギュメントはYesの立場で、次のような理由を挙げましょう。

❶ 教師は生徒の学習効率を高める (enhance students' learning effectiveness) ために双方向のマルチメディア技術を使えるようになり、動画やゲームなどを使って授業を生徒にとって楽しいものにできる

❷ 膨大な情報 (a wealth of information) に簡単にアクセスできるので、生徒はリサーチ [研究] スキルが身につく

Unit 5

❸ 通信教育は、地理的条件にかかわらず(regardless of their geographical locations)低価格で勉強できる機会を増やす

本トピックは下記で述べているようなデメリットもありますが、総合的には利点が勝るでしょう。

関連質問にはこう答える!

Q: Can you describe the disadvantages of using the Internet in classrooms?
(教室でのインターネット使用のデメリットはどんなものがあるか)

➡次の2つが考えられます。

❶ インターネットで調べればすぐに答えがわかるので、生徒の自分で考える力が蝕まれる
(undermine students' thinking ability)
❷ コンピューターに搭載されている多彩な機能が、まじめに勉強することから生徒の注意をそらす
(Various kinds of computer functions distract students' attention from their serious study.)

- Write an essay on the given TOPIC.
- Give THREE reasons to support your answer.
- Structure: Introduction, main body, and conclusion
- Suggested length: 200 - 240 words

添削なし★

Topic 2

Agree or disagree:
space exploration should be continued

★宇宙探査の是非についてのトピックです。このトピックも賛成と反対がはっきり分かれますが、今のうちに自分の立場を決めてサポートも考えておきましょう。
　それではまず pro か con かのスタンスを決めて、次にポイントになる語句を考えてから、キーアイディアを作ってみましょう。

Unit 5

ポイントとキーアイディアを考えてみよう

【pro の場合】
☐ international cooperation
国同士が協力・連帯し、世界平和につながるという、pro のキーアイディアです。

☐ economy
宇宙開発で宇宙関連産業が生み出す経済効果は多大ですので、これも pro のキーアイディアです。

☐ scientific research
科学の研究の進歩（**advancement in scientific research**）に貢献するので、pro のアーギュメントになります。サポートでは、宇宙開発により進歩した科学技術の具体例を2～3あげるとよいでしょう。

【con の場合】
☐ dangers
space exploration は、常に危険と隣り合わせ（**potentially dangerous**）なので、明らかに con のキーアイディアです。

☐ environment
宇宙開発ではなく、環境問題など地上の差し迫った問題の解決を優先すべきという con のアーギュメントになります。

☐ military projects
宇宙の覇権競争につながる軍事プロジェクトを進めることになるという con のアーギュメントになります。

このように、キーアイディアから pro の方が強いエッセイになると2分程度で判断します。

第3章 エッセイ／スピーチ

サンプルを check！ 　CD 54

それでは、このトピックのスピーチ／エッセイを作成してみましょう。

❶ There have been a lot of discussions and debates about the importance of space exploration. Even though it entails huge costs, I think that space exploration should be continued for the following three reasons

❷ Firstly, space exploration contributes to progress in science and technology by promoting the development of scientific research. Monitoring from space can forecast weather more accurately and detect forest fires, oil spills, and aquifer depletion. We can surf the Internet with laptops or tablets almost anywhere in the world because of space exploration.

Unit 5

解説

❶ イントロダクションは、ディスカッション＆ディベートの定型文を使っていますね。宇宙探査の是非が問われる最大の理由はその莫大なコストなので、たとえそれを伴ったとしても（Even though it entails huge costs）続けるべきだと主張します。entails はこのように必然的に伴う場合に使います。

❷ 1つ目の理由のキーアイディアは、宇宙探査が科学の研究開発を推進（promote the development of **scientific research**）し、それが科学技術の進歩に大きく貢献している（**contribute to progress in science and technology**）ことです。サポートとしては、それが人工衛星による気象や災害の予測やインターネットの開発につながったことなどがあります。また、その研究の副産物（**spin-offs**）が医療や交通など実世界の問題に取り組むために応用されていることを述べてもいいでしょう。

❸ Secondly, space exploration will boost the economy as it is a very sound investment. It is estimated that the total economic benefit of each dollar spent on the space program has been between $8 and $10. With NASA's 2015 budget standing at $17.5 billion, the space industry is a highly lucrative market.

❹ Finally, space exploration contributes to global peace and stability by promoting international cooperation. For example, the International Space Station program that involves fifteen countries will promote close cooperation among them, thus developing friendly relations between those countries.

Unit 5

解説

❸ 2つ目の理由「宇宙開発は景気を刺激する」は、1ドルが8ドル以上になるという投資効率の良さ（high return on the investment）や、2兆円に上るNASAの予算を見てもサポートできますが、その他、様々なテクノロジーが開発されたことによる経済効果、かつてのアポロ計画などがアメリカの経済にポジティブに働いたことなどを考慮しても、強いアーギュメントになります。また、明確な目標を設定した宇宙開発プログラムは経済の回復にも役立つ（**space exploration can drive economic recovery**）と主張する人も多いようです。

❹ 3つ目の理由は、**国際宇宙ステーション**（**the International Space Station=ISS**）で見られるように、宇宙探査は国際協力を推進し（**promote international cooperation**）、それは世界の平和と安定に繋がる（**leading to global peace and stability**）というアーギュメントです。アメリカを始め、日本やロシア、カナダなどを含む多くの国が緊密に協力して（in close cooperation）プロジェクトに参加し、これにより国同士の友好関係が発展するでしょう（developing friendly relations between those countries）とサポートしています。

❺ In conclusion, for the benefits mentioned above, contributing to progress in science and technology, boosting the economy, and global peace and stability, I believe that space exploration should be continued.

Unit 5

解説

❺ 最後は、3つの理由を簡潔に句でまとめましょう。「科学技術の進歩（**progress in science and technology**）、景気の刺激（**boosting the economy**）、世界の平和と安定（**global peace and stability**）への貢献という利点のため」と、エッセイを引き締めましょう。

❌ 反対のアーギュメント

1 The national wealth should be diverted to solving serious problems on earth, such as poverty and **environmental degradation**.

（国家の富は、貧困や環境劣化などの地球上の深刻な問題解決に向けられるべきである）

2 Manned space flights pose great **dangers** to the lives of astronauts, as shown by past missions.

（過去のミッションが示すように、有人宇宙飛行は宇宙飛行士の命を多大な危険にさらす）

3 Space exploration can lead to the development of **military projects** to gain dominance in outer space.

（宇宙開発は、宇宙の覇権を得るため、軍事計画を発展させる可能性がある）

全文訳

　宇宙探査の重要性についてはこれまで多くのディスカッションや論争が起きている。たとえ莫大な費用を伴っていても、以下の三つの理由から宇宙探査を続けるべきであると私は考える。

　まず第一に、宇宙探査は科学の研究開発を推進することで、科学技術の進歩に貢献する。宇宙からの観測により天気をより正確に予測し、森林火災・油流出・帯水層の枯渇などを見つけることができる。宇宙探査により開発された衛星のおかげで世界のほぼどこにいても、ラップトップやタブレットでインターネットサーフィンができる。

　第二に、宇宙探査は非常に安全な投資であり、景気を刺激する。宇宙プログラムに費やされた総経済利益は1ドルにつき8ドルから10ドルの間と評価されている。NASAの2015年の予算が175億なので、宇宙産業は非常に利益の上がる市場である。

　最後に宇宙探査は、国際協力を推進し、世界の平和と安定に貢献する。例えば15カ国が関わる国際宇宙ステーション計画では、参加国の緊密な協力に寄与し、その結果、各国間の友好関係を育むであろう。

　結論として、上で述べたように、科学技術の進歩、景気の刺激、世界平和と安定への貢献、といった利点のため、宇宙探査は継続すべきであると私は確信する。

---

words & phrases

- entail huge costs　莫大なコストを伴う
- aquifer depletion　帯水層枯渇
- progress in science and technology　科学技術の進歩
- boost the economy　景気を刺激する
- lucrative market　利益の上がる市場
- global peace and stability　世界の平和と安定
- the International Space Station (ISS)　国際宇宙ステーション
- develop friendly relations　友好関係を育む

Unit 5

「科学」関連 Q&A トレーニング

Q3
What is the future of robots in daily life?

解答例　　　　　　　　　　　　　　　　　　　　　　　CD 55

I think that numerous kinds of robots will come into wide use in the future and change our daily life for the better. For example, domestic robots such as cleaning or nursing-care robots will reduce the burden of housework and care for bed-ridden elderly people. Another type of robot in great future demand is a robot suit. It can enhance the physical abilities of infirm elderly or physically disabled people, and thus bring great mobility to those people. In the field of medicine, robot-assisted surgery and capsule endoscopy will relieve the burden of doctors and patients in medical diagnosis and treatment. **(101 words)**

words & phrases
- come into wide use　幅広く使われる
- domestic robot　家庭用ロボット
- bed-ridden　寝たきりの
- robot suit　着用型ロボット
- infirm　体力の衰えた
- physically disabled　体が不自由な
- mobility　動きやすさ
- endoscopy　内視鏡検査
- medical diagnosis　医療診断

ここを押さえて！

　昨今の科学技術分野において絶対に欠かすことのできない「**ロボットの未来**」を問う問題。近い将来には間違いなく我々の日常生活でも幅広くロボットが使われることでしょう。最新データによると具体的に普及するロボットとして、次のようないわゆる「サービス型ロボット」の市場が大幅に拡大する見込みです。

- ❶ 掃除ロボットや介護用ロボットが、家事の負担を減らし（reduce our burden of housework）、寝たきりのお年寄りの面倒を見てくれる（care for bed-ridden elderly people）
- ❷ 着用型のロボットスーツは、虚弱なお年寄りや身体障害者の肉体能力を高め、彼らの移動性（mobility）を高める
- ❸ 医療分野では、カプセル型内視鏡検査（capsule endoscopy）やロボットの支援による手術（robot-assisted surgery）などが患者や医者にとって診断や治療の負担を軽減する

さらに説得力あるアーギュメントにするには!!

　これまで主なロボット市場の傾向としては、製造分野における組み立て（assembling）や溶接（welding）作業を正確に行う、いわゆる「産業用ロボット」（industrial robot）が主流でしたが、今後は介護や福祉、医療などで用いられる「サービス型ロボット」（service robot）の市場が世界規模で大幅に拡大する見込みです。また、ライフスタイルの変化から「個人用ロボット」（personal robot）も普及すると予測されており、例えば高齢者用には「介護ロボット」（nursing-care robot）、一人暮らしにはペットロボットなどの「話し相手ロボット」（companion robot）、働く女性が増え家事を行ってくれる「家事ロボット」（housework robot）なども増えてくるでしょう。アーギュメントにはこのような最新データを盛り込んで、試験官を圧倒させましょう！

Unit 5

Q4

Will the use of solar energy become widespread in the future?

解答例

Yes, I think so for two reasons. Firstly, solar power will serve as a viable alternative to fossil fuels that emit CO_2, a major culprit of global warming. Solar power is clean and environmentally-friendly energy. Secondly, solar power is renewable energy which can solve the problem of exhaustion of natural resources. It has the potential to meet the growing demand of "green energy". **(66 words)**

---

words & phrases
- viable　実行可能な
- major culprit　問題の主な原因
- exhaustion　枯渇
- green energy　環境に優しいエネルギー

ここを押さえて！

　科学技術分野において、再生エネルギーに関するトピックは非常に重要。ここでは「**太陽エネルギーは将来もっと普及するか**」を問う問題。強いアーギュメントはYes側の立場で、次のような理由を挙げましょう。

> ❶ 太陽エネルギーはクリーンでエコであり、地球温暖化の主な原因（major culprit）となる二酸化炭素を出す化石燃料に代わる有効なエネルギーである
> ❷ 太陽エネルギーには天然資源の枯渇問題を解決できる可能性があり、ますます求められる"green energy"（環境に優しいエネルギー）の需要を満たす

　これに対して反対側の意見としては、次の2点が挙げられます。

❶ The electricity output is unstable because it is greatly affected by weather conditions.
（天候に大きく左右されるため発電量が不安定である）
❷ Solar power is far lower in energy density than fossil fuels. Therefore, its electricity output is lower than fossil fuels.
（太陽エネルギーは化石燃料よりエネルギー密度が低いので、その発電量も化石燃料より少ない）

　本トピックに関しては、深刻化する環境問題や、再生可能エネルギー開発の緊急性などを考慮すると、Yes 側がより強いアーギュメントとなるでしょう。

試験官の反論にはこう答える！

　では、「太陽エネルギーが環境に優しいエネルギーなのは理解できるが、発電量がまだまだ低く、従来型の化石燃料を使う方が良いのでは」と聞かれた場合はどう答えますか？　その場合はまず、「太陽エネルギーを電力に変えるエネルギー返還率（the rate of converting solar energy into electric energy）は、以前と比べ2倍から3倍高くなり改善されている」こと、そしてさらに「拡大する地球温暖化の影響や化石燃料が将来枯渇する（exhaustion of fossil fuels in the future）ことを考慮すると、世界レベルで太陽エネルギーに代表されるような再生可能エネルギーに移行（transition from fossil fuel energy to renewable energy）する必要がある」などの理由を挙げ、反論しましょう。

試験官の質問にはこう答える！

Q: Japan has the third largest geothermal reserves in the world. What is setting back the development of the geothermal power?
（日本は世界第3位の地熱資源を有するのに、なぜ地熱発電の開発が進んでいないのか）

➡こう聞かれた場合ですが、実際以下のような理由で開発が見送られているのが現況です。

Unit 5

❶ 地熱発電所の候補地（potential sites）が温泉街（hot spring resorts）や国立公園などに隣接しているため自然環境保護から限られた地域にしか発電所を建設できない（The construction is possible only in limited areas.）

❷ 地下を非常に深く掘り下げる必要があり、開発には膨大な時間と予算がかかる（The development takes an enormous amount of time and cost.）

　地熱エネルギーは二酸化炭素の排出が少ないクリーンな再生可能エネルギーのひとつで、化石燃料の価格高騰や地球温暖化への対策にも有効とされており、アメリカ、インドネシア、日本、フィリピン、メキシコの順に資源量が多く、特にアメリカと、またフィリピンでは急速にその利用が増えています。

Unit 6 環境

動物実験や絶滅危惧種などといった、環境に関する2つの
スピーチ／エッセイと4問のQ&Aに挑戦しましょう。

- Write an essay on the given TOPIC.
- Give THREE reasons to support your answer.
- Structure: Introduction, main body, and conclusion
- Suggested length: 200 - 240 words

添削あり★ organizationが悪い例

Topic 1

Is environmental protection compatible with economic growth?

CD 57

★「環境保護と経済成長の両立はできるか」というトピックです。持続可能な発展（sustainable development）の可能性、つまり環境破壊することなく経済発展を目指すことですね。再生可能エネルギー（renewable energy）の実用化、循環型社会（recycling-oriented society）の実現、エコツーリズム（ecotourism）などの環境問題に関する様々なトピックにもつながる重要な課題なのでしっかり主張をまとめておきましょう。

それではまず pro か con かのスタンスを決めて、次にポイントになる語句を考えてから、キーアイディアを作ってみましょう。

Unit 6

ポイントとキーアイディアを考えてみよう

【pro の場合】

□ technology

再生可能エネルギーや環境にやさしい製品など環境にやさしい技術開発 (the development of eco-friendly technologies) による経済成長が可能になり、pro のアーギュメントになります。

□ economy

technology から派生させて、cost-efficient なエコ製品の売上げが伸び、国の経済を活性化すると、pro のアーギュメントになります。

□ job creation

technology から派生させて、再生可能エネルギーの開発など新しい分野の仕事が増えて、雇用も増えるので、経済成長につながり pro ですね。

□ reputation

会社レベルで考えて、pro で使います。環境政策を重視する会社 (**eco-conscious companies**) は、より高い評価を得ることができて、その商品の売上増加につながり、経済成長を助けると主張できます。最近の企業の社会的責任 (**corporate social responsibility**) の重要性をサポートで述べると、強いアーギュメントになります。

【con の場合】

□ developing countries

発展途上国 (developing countries) の産業の成長と発展 (industrial growth and development) は、環境へのダメージなしにはあり得ない。今まで散々環境を破壊して発展してきた先進国の事を考えると不公平ではないか、と con の主張になります。

【pro/con 両方で使える】

□ cost

pro/con どちらでも使えます。pro だと、ハイブリッドカーなど環境にやさしい製品は、**cost-efficient** で人気があり、売り上げが伸びて経済成長を助けると主張できますし、con では、再生可能エネルギーなどを使った環境にやさしい製造工場の建設には cost がかかり、経済成長を妨げると主張できます。

これらのキーアイディアを考えると、technology、job creation、reputation、cost-efficiency などを使った、pros のエッセイの方が書きやすいでしょう。

第3章 エッセイ／スピーチ

サンプルを check！

添削あり★

それでは、次のサンプルを見てみましょう。右のページで添削・解説しています。

❶ There have been a lot of discussions and debates about compatibility between environmental protection and economic growth. Personally, I think that both are compatible with each other for the following three reasons.

❷ Firstly, eco-conscious companies' good reputation can increase their profitability. These days many companies around the world promote corporate social responsibility, which includes environmental protection like reducing carbon footprint. These companies can make greater profits by attracting consumers and investors.

Unit 6

添削&解説

❶ イントロは雛形ですね。環境保護と経済成長の両立性については多くの議論がありますが、両立はできるという意見を述べています。

❷ 第一のポイントは「環境重視の企業は高く評価されて利益を上げることができる」ですが、「利益を上げる」というのは、ポイントとしては具体的すぎるのでサポートとし、ポイントは「ビジネスで成功する」としましょう。**アーギュメントの基本は「general(一般)」から「specific(特定)」**です。ですから第一文は、Firstly, ~~eco-conscious companies' good reputation can increase their profitability~~ **companies' eco-consciousness contributes to success in their business by enhancing their reputation**. として、次にその理由、今日企業の社会的責任の重要性が増しているから (a growing awareness of the importance of **corporate social responsibility**) と述べます。それから詳細に入り、そのような状況において (**Under the circumstances**)、会社の高い評判がより多くの消費者や投資家を惹きつけて (attract more consumers and investors) 利益をあげる (thus increasing their sales and profit) という流れで論理的に書きましょう。強いアーギュメントですが、会社がベースなので、第一の理由にしては少し弱いですね。

第3章 エッセイ/スピーチ

❸ Secondly, the development of eco-friendly technologies can boost the economy. For example, energy-efficient products including LED lights and hybrid vehicles are gaining popularity. More and more consumers prefer to buy them because of their cost-efficiency.

❹ Finally, conservation and prudent use of natural resources can increase the supply of reserves along with economic growth in the long run. Rapid economic growth requires a greater use of natural resources, which will lead to their depletion. Thus, conserving resources by promoting 3R (reducing, reusing and recycling) greatly contributes to sustainable economic growth.

Unit 6

添削&解説

❸ 2つ目のポイントは「環境にやさしい技術の開発が経済を活性化する」。これも強いアーギュメントです。その後のポイントで technologies について述べているので、**the development of eco-friendly <u>products</u> can boost the national economy** としましょう。次にサポートでその理由、エコフレンドリーでコスト効率が良いので (Due to their eco-friendliness and cost-effectiveness)、エコ製品を好んで買う消費者が増えてきている (more and more consumers prefer to buy the eco-friendly products) と述べ、その例として太陽光発電パネルや LED ライト、ハイブリットカー等を挙げましょう。

❹ 3つ目のポイント「天然資源を節約して賢く使う事で長期的には経済成長とともにその供給が増える」はよくわかりません。また、第2文の「経済成長が天然資源の枯渇につながる」のように、**アーギュメントを弱めることは書かない**ようにしましょう。~~Rapid economic growth requires a greater use of natural resources, which in turn leads to their degradation and depletion~~

第3文の「3Rを促進することにより、天然資源やエネルギーを節約する事が経済成長につながる」ですが、これは環境保護にはつながりますが、経済成長とはあまり関係がありません。節電をすることにより、電力会社の売り上げは下がりますし、再使用やリサイクルも商品の売り上げを下げる事につながるため、**recycling** をポイントにするのは苦しいでしょう。代わりに **job creation** を使い、これは **technology** と直結しているので最初に持ってくるべきです。(development of eco-friendly technologies create huge job opportunities)

第3章 エッセイ/スピーチ

❺ In conclusion, I believe that environmental protection can co-exist with economic growth for the above-mentioned three reasons: increasing profitability due to good reputation, development of eco-friendly technologies, and conservation of natural resources.

Unit 6

解説

❺ **huge job opportunities, increasing companies' sales and profit, and boosting the national economy.**

　コンクルージョンでは、ボディで述べたポイントを句でまとめましょう。全体的に構成しなおして、トップに **雇用機会の拡大（creating huge job opportunities）**、次に会社の評判で消費者や投資者を惹きつけて**売り上げと利益を伸ばし（increasing companies' sales and profit）**、そしてエコ製品により**自国の経済を活性化**する**（boosting the national economy）**としましょう。

> ## ❌ 反対のアーギュメント
>
> **❶** It **costs a tremendous amount of money** to build eco-friendly manufacturing plants, which will make it difficult to achieve sustainable development.
>
> （環境にやさしい製造工場を建てるには多額の費用がかかるため、持続的な発展を達成しにくい）
>
> **❷** It is held back by **developing countries** resistance and indignation after all the exploitation made by developed countries.
>
> （持続可能な発展は、先進国による**搾取**を経験した発展途上国の抵抗や怒りによって**妨げられる**）

それでは、添削後のスピーチ／エッセイを見てみましょう。

There have been a lot of discussions and debates about compatibility between environmental protection and economic growth. Although many people find it difficult to achieve the compatibility, I think that both are compatible with each other for the following three reasons.

Firstly, the development of eco-friendly technologies creates huge job opportunities, which is a boon especially to job-seeking young people. Advancing technologies for recycling, eco-friendly cars, and solar and wind power generation are increasing demand for workers in the "green" industry.

Secondly, companies' eco-consciousness contributes to success in their business by enhancing their reputation. Nowadays there is a growing awareness of the importance of corporate social responsibility for environmental protection. Under the circumstances, their good reputation will attract more consumers and investors, thus increasing their sales and profits.

Thirdly, the development of eco-friendly products can help boost the national economy. With growing eco-consciousness, more and more consumers nowadays prefer to buy eco-friendly, energy-efficient products. For example, energy-efficient products including LED lights, hybrid vehicles and solar panels are enjoying brisk sales, which is promoting the economic growth of the country.

In conclusion, for the above-mentioned three reasons, creating huge job opportunities, increasing companies' sales and profits, and boosting the national economy, I believe that environmental protection is compatible with economic growth.

Unit 6

全文訳

　環境保護と経済成長の両立について多くの議論や討論があるが、個人的には以下の3つの理由から両立は可能であると私は考える。

　第1に、環境にやさしい技術の開発により雇用機会が増え、それはとりわけ仕事を探す若者にとって朗報である。リサイクル、エコカー、太陽光・風力発電の技術が進歩することで、「環境」産業に従事するワーカーの需要が高まりつつある。

　第2に、環境政策を重視する企業は、高く評価されてビジネスの成功につながる。今日環境保護に関する企業の社会的責任の重要性が増している。そのような状況下で、会社の高い評判はより多くの消費者や投資家を惹きつけ、売り上げや利益を上げるのである。

　第3に、環境配慮型の製品の開発により、国の経済が活性化する。そのコスト効率の良さから、最近ますます環境配慮型の製品を好んで買う消費者が増えてきている。例えば、LED照明やハイブリッド車、そして太陽光発電パネルなどのエネルギー効率が良い製品の売り上げが急速に伸びてきている。

　以上、上に挙げた理由、すなわち雇用機会が拡大し、会社が売り上げと利益を伸ばし、国の経済が活性化するという3つの理由から、環境保護と経済成長は両立できると私は確信する。

---

words & phrases

- eco-consciousness　環境を重視する
- success in their business　ビジネスの成功
- corporate social responsibility (CSR)　企業の社会的責任
- Under the circumstances　そのような状況下で
- eco-friendly products　環境配慮型の製品
- cost-effectiveness　コスト効率が良い
- energy-efficient products　エネルギー効率が良い製品
- LED lights and hybrid vehicles　LED照明やハイブリッド車
- enjoy brisk sales　売り上げが良い

「環境」関連 Q&A トレーニング

Q1

How should companies and individuals make efforts to protect the environment?

解答例

I think that large companies can take the initiative in promoting energy saving and tackling environmental degradation. They have the responsibility of complying with strict regulations on industrial waste. They can play a major role in raising public awareness about the importance of environmental protection by producing eco-friendly products like electric cars. As for individuals, it is important to practice the so-called 3Rs: reducing, reusing, recycling. For example, we can carry an eco-bag for shopping, reuse office paper, refuse excessive wrapping, and separate burnable and non-burnable garbage to facilitate recycling.

(90 words)

---

words & phrases
- ☐ take the initiative in ~ ～を率先する
- ☐ environmental degradation 環境悪化
- ☐ raise public awareness 公共の意識を高める
- ☐ excessive wrapping 過剰包装
- ☐ facilitate recycling リサイクルを円滑にする

ここを押さえて！

「**企業や個人の環境保護への取り組み**」は環境分野で必ず狙われる重要トピックです。説得力あるアーギュメントをするには、次のように具体的な例を挙げましょう。

Unit 6

❶ 企業は率先してエネルギー保護を奨励し (take the initiative in promoting energy saving) 環境悪化に取り組むべきで、産業廃棄物などに関する厳しい規制を守る責任があり、環境に配慮した製品の製造と、環境保護の重要性に関する公共の意識を高める役割も担う

❷ 個人は、いわゆる3Rを実践すべきで (practice the so-called 3Rs)、例えば買い物にはエコバッグを持ち歩いたり、事務用紙の再利用や、過剰包装を断ったり、リサイクルを円滑にするために (facilitate recycling) ゴミを分別したりすべきである

試験官の質問にはこう答える！

Q: What are the governments' roles?
（では政府の役割は何か）

➡政府は経済発展も目指しながら、環境も保護していかねばなりません。そのためには、The government should decrease the dependence on fossil fuels for power generation, while further promoting the research and development of renewable energy.（政府は化石燃料による発電依存を減らしながら、再生エネルギーの研究と開発をさらに促進するべきであり）、さらに温室効果ガスの排出量を削減するために化石燃料に課税する炭素税（carbon tax）の導入も必要である、といった具体例を挙げて答えましょう。

Q2

Do the benefits of daylight saving time outweigh the disadvantages?

解答例　　　　　　　　　　　　　　　　　　　　　　CD 60

Yes, I think so for three reasons. Firstly, daylight saving time will save electricity consumption by making people use more natural daylight. Secondly, daylight saving time will bring economic benefits to society by encouraging people to stay out longer and spend more money on after-work activities such as shopping and eating-out. Finally, daylight saving time will reduce the incidence of crime and traffic accidents, which are more likely to occur in the evening. Although some people point out disadvantages such as its high implementation costs and health problems caused by maladaptation to circadian rhythm, I think that those environmental and socioeconomic benefits outweigh the investment costs and debatable health disadvantages.

(110 words)

---

words & phrases
- economic benefit　経済的利益
- after-work activity　勤務後の活動
- incidence　発生
- implementation cost　導入コスト
- maladaptation　不適応
- circadian rhythm　体内リズム
- debatable　論議の余地のある

ここを押さえて！

環境分野で非常に重要な「夏時間 (Daylight Saving Time) の是非」を問う問題。強いアーギュメントは Yes の立場で、次の3つの理由を挙げましょう。

Unit 6

❶ 夏時間の導入で、社会(人間)はもっと自然光を使うことになり、電力消費を削減する
❷ 夏時間で外にいる時間が増え、仕事の後に買い物や外食してお金を使うので、経済的利益に貢献する(bring economic benefits to society)
❸ 夏時間は、夜に起きやすい犯罪や交通事故の発生を減らす

デメリットとしては、次の2点を挙げています。

❶ 夏時間導入の高いコスト(high implementation costs)
❷ 体内リズムへの不適応による健康被害(health problems caused by maladaptation to circadian rhythm)

総合的には、「環境的、社会経済的利益(environmental and socioeconomic benefits)の方が勝る」としています。

試験官の質問にはこう答える!

Q: Should daylight saving time be implemented again in Japan?
(日本は再び夏時間を導入すべきだと思うか)

➡日本でも戦後間もない1948年から1952年まで夏時間が導入されましたが、残業時間が増えただけでメリットを実感できず結局すぐに廃止になってしまいました。この過去を踏まえ、上のように質問された場合、どのように答えますか?

　このように過去の成功しなかった例を持ち出されると非常に苦しいですが、ここでも賛成の立場を貫いて、「過去に夏時間が実施された時は、日本は戦後間もなくまだ混乱していた時期にあり(Japan was still in the post-war chaos.)、国民の栄養状態も悪く(have poor nutrition)、時間のゆとりなどを楽しめる余裕もない時代でした(Japanese people couldn't afford to have time to relax.)。しかしながら今は状況が全く変わり、夏時間の導入は日中の消費電力削減や活動時間増加による経済効果も期待できるので、日本にとってやはり利益が大きいでしょう」のような答えが適切でしょう。

- Write an essay on the given TOPIC.
- Give THREE reasons to support your answer.
- Structure: Introduction, main body, and conclusion
- Suggested length: 200 - 240 words

添削あり★キーアイディアのオーバーラップしている例

Topic 2

Can animal testing be justified?

CD 61

★動物実験は正当であると言えるか？ これは世界で最も論争を醸している問題の1つ（one of the controversial issues）です。最近、動物実験を止めるべきだという movement が高まっていますが、皆さんは感情的になっていないでしょうか？ ディベートでは、感情的になると弱いアーギュメントになるので気をつけましょう。エッセイのように文字で説得する場合は、pathos（情）、ethos（道徳観）よりも logos（論理性）で、あくまで論理的に意見を述べましょう。

それではまず pro か con かのスタンスを決めて、次にポイントになる語句を考えてから、キーアイディアを作ってみましょう。

Unit 6

ポイントとキーアイディアを考えてみよう

【pro の場合】

□ save human lives

医学の発展のため、人命を救うために必要だと、pro のアーギュメントになります。

□ boost the economy

動物実験による医薬品などの開発により医療産業が発展し、経済が活性化します。pro のアーギュメントです。

【con の場合】

□ cruel

動物実験は非常に残酷（so cruel）で、動物に苦痛を与えるので、con のアーギュメントになります。

□ animal right

もちろん con です。動物の権利の保護を主張します（animal right should be protected）。

【pro/con 両方で使える】

□ unreliable/useless

pro と con のどちらにも使えます。動物実験が unreliable とするか、別の方法（alternative way）が unreliable とするか。しかし動物実験が unreliable だとすると、人体実験をする事になりますが、どうでしょう？

□ computer simulation

pro と con のどちらにも使えます。先ほど述べたように信頼できない（unreliability of computer simulation）とするか、動物実験の代わりになる（it can substitute for animal testing）とも言えます。

pro と con ではどちらが書きやすいでしょう？　エッセイではどちらでも書けそうですが、面接で突っ込まれた場合のことを考えると、pro の方が有利です。例えば animal rights を主張した場合、「ではあなたは肉を食べないのですか？」と問われたらどうでしょう。食べると答えれば、「cruel ではないですか？」と、食べないと答えれば「それを全人類に強要できますか？」と突っ込まれるかもしれません。又は、「animal testing を無くして、human testing をするのですか？」「animal rights のために human が犠牲になるのですか？」などの質問に固まってしまいそうですね。一方 pro の場合は、cruel ではないかと問われても、苦痛や痛みを minimize できるという事で、正当化できそうですね。animal right movement の背景には、これまでの動物の気持ちを無視したあまりにも残酷なやり方を、少しでも緩和できればという気持ちがあるのです。

サンプルを check!

添削あり★

それでは、次のサンプルを見てみましょう。右のページで解説をしています。

❶ Animal experiments are widely used for the development of new medicines and other products, but animal testing is a highly controversial issue. Personally, I think that animal testing can be justified for the following three reasons.

❷ Firstly, animal testing is indispensable to save human lives. It has greatly contributed to the progress of medical science, saving people from deadly diseases. For example, the vaccines for polio and smallpox, first tested on monkeys and cows respectively, greatly helped eradicate the diseases worldwide, saving lives of millions of people.

Unit 6

添削&解説

❶ イントロダクションでは、動物実験の利点と欠点に軽く触れて、物議を醸している現状を述べ、賛成派であると主張していますね。

❷ 動物実験は人命を救うために不可欠であると先ずポイントを述べて、キーアイディアは、deadly diseases から人々を救うために、動物実験が the progress of medical science 医学の進歩に大きく貢献しているとします。次に動物実験により開発された新薬で reduce or eliminate された deadly diseases の例をあげ、今までに lives of millions of people（非常にたくさんの人の命）が救われたと実証しています。非常に強いアーギュメントです。文法ミス以外は ok です。

❸ Secondly, animal experiments is necessary for the development of new medicines, which plays an important role in increasing the sales of the pharmaceutical industry. Animal experiments are required for new drugs before they can be used for human trials and safely go on the market.

❹ Finally, there is no other effective alternative to animal testing because of the genetic similarity between humans and animals. For example, chimpanzees share 98%, and even mice share 92% of human genes. Alternatives like computer simulation cannot produce equally valid results.

❺ In conclusion, I believe that animal testing should be justified for the above-mentioned three reasons: saving human lives through medical development, the development of new medicines, and its unparalleled reliability.

Unit 6

添削&解説

❸ この段落のポイントは何でしょうか？ 新薬の開発（development of new mdicines）だと理由1とオーバーラップしてしまい、医薬品会社の売り上げだと具体的すぎます。理由1で、「新薬の開発が人命救助のために必要である」と、すでに述べているので、理由2は経済にフォーカスしましょう。

先ず第一文目で、動物実験は医療産業の発展により、経済活性化に繋がる（**animal experiments will boost the economy by developing the medical industry**）と述べます。ポイントは、新薬の開発ではなく経済への影響です。よって、医療産業は付加価値が高く（**high value-added industry**）、その成長は経済全体に波及効果がある（**whose growth has a major impact on the overall economy**）とサポートします。

❹ 最後は、動物実験に代わるものがない（no alternative to animal testing）というアーギュメントですね。alternative than ではなく alternative to で、他に有効な代替法がない（no other effective alternative to animal testing）としましょう。人間と動物は遺伝的に似ている（the genetic similarity between humans and animals）から、どのくらい似ているかを、例を挙げて説明しています。これも強いアーギュメントですね。

❺ 結論では、句でまとめたキーポイントを繰り返します。まず医療の開発で人間の命を救う事（<u>**saving human lives** through **medical development**</u>）。ここですでにポイントを2つ使っていますね。なので、次の the development of new medicines はオーバーラップします。**boosting the economy** にしましょう。それから、its unparalleled reliability は動物実験に代わるものがない（**lack of alternative to animal testing**）の方がいいでしょう。

第3章 エッセイ／スピーチ

では最後に animal testing に反対のアーギュメントを見てみましょう。

❌ 反対のアーギュメント

1 Animals should have the rights to life and freedom, and thus they should not be sacrificed for human well-being.

（動物には生きる権利と自由の権利があり、人間の健康のために犠牲にされるべきではない）

2 Animal testing is unreliable because animals are entirely different from human beings in biological functions and behavior patterns.

（生態学上の機能や行動パターンが、動物は人間とまったく異なるため、動物実験は信頼できない）

Unit 6

それでは、添削後のスピーチ／エッセイを見てみましょう。

Animal experiments are widely used for the development of new medicines and other products, but animal testing is a highly controversial issue. Personally, I think that animal testing can be justified for the following three reasons.

Firstly, animal testing is indispensable to save people suffering from incurable diseases. It has greatly contributed to the development of medicine, saving people from deadly diseases. For example, the vaccines for polio and smallpox, first tested on monkeys and cows respectively, greatly helped almost eliminate the diseases worldwide, saving the lives of millions of people.

Secondly, animal experiments will boost the economy by developing the medical industry including the pharmaceutical industry. The medical industry is a high value-added industry whose growth has a profound impact on the overall economy.

Finally, there is no other effective alternative to animal testing because of the genetic similarity between humans and animals. Chimpanzees share 98%, and even mice share 92% of human genes. Other alternatives like computer simulation cannot produce equally valid results.

In conclusion, for the above-mentioned three reasons, saving human lives through medical development, the economic growth, and no alternative to animal testing, I believe that animal testing can be justified.

第3章 エッセイ／スピーチ

全文訳

　動物実験は新薬開発のために広く行われているが、大きな議論を呼んでいる問題である。個人的に私は三つの理由から、動物実験は正当化されると考える。

　第一に、動物実験は人間の命を救うために必要不可欠である。それは医学を大きく発展させ人々を死亡率の高い病気から救ってきた。例えばポリオや天然痘のワクチンは、最初は猿や牛で実験され、そのおかげでそれらの病気は全世界でほとんど撲滅し、何百万人もの命を救っている。

　第二に、動物実験は医療産業を発展させ、経済活性化に繋がるだろう。医療産業は付加価値が高く、経済全体に大きな波及効果があるからだ。動物実験は安全な新薬が市場に出るためには必要不可欠である。

　最後に、人間と動物の遺伝的類似性のため、動物実験の他に有効な代替法がないという事が挙げられる。例えばチンパンジーは98パーセント、そしてネズミでさえ92パーセントも人間と同じ遺伝子を持っている。コンピューターシュミレーションのような代替法ではこれほど有効な結果を出すことはできない。

　以上、上で述べた、医療の開発による人命救助、経済成長、そして動物実験代替法がないという三つの理由から私は、動物実験は正当化されると確信している。

---

words & phrases

- animal testing (experimentation, experiment)　動物実験
- indispensable　必要不可欠な
- deadly disease　死亡率の高い病気
- vaccines for polio and smallpox　ポリオや天然痘のワクチン
- medical industry　医療産業
- boost the economy　経済を活性化する
- high value-added　付加価値が高い
- have a profound impact on the overall economy
  経済全体に大きな波及効果がある
- no other effective alternative to ~　~の他に有効な代替法がない
- genetic similarity　遺伝的類似性
- cannot produce equally valid results　同じように有効な結果(成果)は出せない

Unit 6

「環境」関連Q&Aトレーニング

Q3

Is the extinction of some plant and animal species inevitable? If so, how is it possible to protect them from extinction?

解答例

I think that it is inevitable, considering the increasing ecological damage due to habitat loss through human invasion and industrialization as well as illegal smuggling and poaching. There are several countermeasures for these problems. Firstly, it is necessary to crack down on smuggling and poaching of endangered species. Secondly, the government should create more sanctuaries for endangered species to maintain biological diversity. Environmental degradation will undermine the entire ecosystem and disturb the food chain. Finally, the government should promote more ecotourism to raise people's awareness about the importance of nature preservation. **(93 words)**

words & phrases
- inevitable 避けられない
- ecological damage 生態への被害
- human invasion 人類の侵入
- smuggling and poaching 密輸と密猟
- crack down on ~ ~を取り締まる
- sanctuary 自然保護区
- biological diversity 生物の多様性
- environmental degradation 環境の悪化
- food chain 食物連鎖

ここを押さえて！

環境分野で非常に重要な「**動植物の絶滅をどう守るか**」を問う問題。ま

ずは冒頭で、次の3つの要因「人間の侵入による生息地の減少（habitat loss through human invasion）」、「産業化」、「密輸と密猟（illegal smuggling and poaching）」によって引き起こされる「生態系被害（ecological damage）」を考慮すると、「動植物の絶滅は避けられない」ことに賛成の立場を示します。

そして動植物保護の具体的な対応策として、次の3つを挙げています。

> ❶ 絶滅危惧種の密輸や密猟を取り締まる（crack down on smuggling and poaching of endangered species）
> ❷ 生態系多様性（biodiversity）を維持するため、もっと絶滅危惧種を守るための自然保護区を造る
> ❸ 自然保護（nature preservation）の重要性に関する公共の意識を高めるために、もっとエコツアーを奨励する

試験官の質問にはこう答える！

Q: Why is it so important to protect biodiversity?
（生物多様性を守ることはどうしてそんなに重要なのか）

➡ 答えにくい質問かもしれませんが、その理由としては主に次の2つがあります。

> ❶ 地球上の全ての生物は相互に依存した関係で成り立っており（All living creatures on earth are interdependent.）、生物多様性は人間や生物が生きていくのに必要な資源（水、食料、燃料、木材、繊維など多数）を供給する
> 加えて、生物多様性は人間や生物の生存環境を維持するのに非常に重要な役割を果たしており（The biodiversity plays a vital role in maintaining the living environment for humans and other living organisms.）、例えば水を浄化する微生物（microorganisms to purify water）や、二酸化炭素を吸収して酸素に換え、洪水を起こりにくくする熱帯雨林（rainforest to prevent floods）なども生物多様性によって保たれている
> ❷ 生物多様性は、種が環境の変化から生き残る、あるいは新環境に適応するのに不可欠で（It is vital for species to survive environmental changes or adapt to the new environment.）、それをなくしては種は絶滅してしまい、生物多様性の消失は人類を破滅の危険にさらすことになる（The loss of biodiversity will endanger human species.）

Unit 6

Q4
How serious are current environmental problems?

解答例　　　　　　　　　　　　　　　　　　　　　CD 64

According to the latest research and reports, global warming is becoming increasingly serious and making a devastating impact on the global environment. For example, temperatures in the northern hemisphere will rise by 4.3 degrees by 2100, which will increase the pace at which global sea levels rise and will devastate many coastal areas in the world. Massive deforestation and industrial development are also exacerbating global desertification. In fact, it is estimated that 25% of birds and plants in the Tropics will die out in 30 years. Water shortage problems are also becoming more and more serious. It is estimated that two-thirds of the world will lose access to clean drinking water by 2025. **(113 words)**

words & phrases
- northern hemisphere　北半球
- global sea level　世界の海水位
- massive deforestation　大規模な森林破壊
- exacerbate　悪化させる
- global desertification　世界規模の砂漠化
- die out　絶滅する

ここを押さえて！

　環境分野で欠かせない「**環境破壊の現状**」を問う問題。このトピックは以下のような最新データによる具体的な背景知識がかなり必要です。

❶ 地球温暖化がますます深刻になっている。例えば、2100年までに北半球の気温は4.3度まで上昇し、そのことで地球の海水面が上昇するペースが増加し (increase the pace at which global sea levels rise) 世界中の湾岸地域に大きな被害をもたらす

❷ 大規模な森林破壊や産業開発は地球の砂漠化 (global desertification) をますます悪化させており、熱帯地方の鳥類や植物の約25％があと30年後には絶滅すると予測されている

❸ 水不足問題もますます深刻化しており、2025年までに世界の約3分の2の地域が飲料水へのアクセスを失う (lose access to clean drinking water by 2025) とされている

試験官の質問にはこう答える！

では、「世界の水不足問題への対策にはどんなものがあるか」と聞かれた場合ですが、まずは水不足の主な原因の一つである地球温暖化の対応 (address the global warming) が求められるでしょう。また、環境省のデータによると、アジアでは水使用量の約7割を占める農業用水 (water for agriculture use) の約60％が、農地へ灌漑する途中の段階で失われている現状があり、用水路 (irrigation channel) などのインフラ整備の改善 (infrastructure improvement) も水資源の有効活用に不可欠です。

世界では、まずオーストラリアでは特に「乾期」にあたる夏場は水の使用が厳重に管理され、給水制限 (water supply restriction) が実施されており、また、ヨーロッパでは統一的な水管理を実現するために、「EU 水政策枠組み指令 (EU Water Framework Directive)」が導入されていて、飲料水の確保のみならず、持続可能な水管理システムの構築や生態系の保護 (preservation of ecosystem) などにも力が注がれています。他には、米カリフォルニア州では深刻化する干ばつ (drought) への対策として同州全域を対象とした節水が実施されていたり (implement mandatory restrictions on water use)、深刻な干ばつ被害が広がるタイでは、政府が水稲栽培 (wet-rice farming) の停止を求めたりしています。

Unit 6

二次試験合格体験記

K・Hさん 一次試験のエッセイの得点が伸びずに悩んでいた時でした。アクエアリーズでエッセイライティングの全体の構成方法や有効な表現パターンについて学びました。その結果、ライティングの成績が14点から一気に20点にまで上昇し、念願の一次合格を果たすことができました。

一次試験合格後、自己流の勉強方法で臨んだ二次試験は散々の結果となりました。途中でトピックの意味を取り違えていることに気付き、その動揺から頭の中が真っ白！ もう一生、二次試験に合格することはできないとあきらめかけていた時、先生は私の欠点を素早く見抜き、効果的なアドバイスを適切なタイミングで示してくださいました。その中で心に残ったのは次の二点です。

1．簡潔で YES，NO がはっきりわかる1文で始める。

前置きや細かな説明が多い私の特徴を見抜き、最初にスパッと理由や意見を述べる練習を繰り返ししていただきました。これにより論点を明確にすることができ、それまでの不明瞭なスピーチ内容の大幅な改善につながりました。

2．使えるフレーズをカード化する。

自然と口から出るような短いフレーズを書きためてはどうか、というアドバイスは非常に役立ちました。「現在の日本の経済状況を考えると…」のような短いフレーズのカードをたくさん作り、瞬間的に英語にする練習をしました。その結果、本番でも、幾つかのフレーズをとっさに口にすることができました。

面接室から出た瞬間、最初に心に浮かんだのは「感謝」の二文字でした。応援してくれた家族やアクエアリーズの先生への正直な思いです。本当にありがとうございました。

Unit 7 文化・スポーツ・レジャー

文化やスポーツ、レジャーに関する2つのスピーチ／エッセイと、4問のQ&Aに挑戦しましょう。

- Write an essay on the given TOPIC.
- Give THREE reasons to support your answer.
- Structure: Introduction, main body, and conclusion
- Suggested length: 200 - 240 words

添削なし★

Topic 1

Agree or disagree: National identity is becoming less important in today's global society.

CD 65

★「今日のグローバル社会において、国民性は希薄になっている」という意見に対し、賛成か反対を問うトピックです。これは2006年2回のライティングで実際に出題されましたが、このトピックは英検1級二次試験やIELTSでも重要なので、論述できるようになりましょう。日本人の中にも、歴史好きで日本人としての誇りを持っている人もいれば、ヒップホップなど西洋の文化が大好きで、日本人のアイデンティティーなどに興味のない人もいるでしょう。あるいは折衷主義の人もいるかもしれませんね。

　それではまず pro か con かのスタンスを決めて、次にポイントになる語句を考えてから、キーアイディアを作ってみましょう。

Unit 7

ポイントとキーアイディアを考えてみよう

【pro の場合】

□ immigration

移民を受け入れることにより、ナショナルアイデンティティは「どんどん薄まってくる」ということで、pro のキーアイディアになります。

□ international conflicts

国際紛争はどうして起こるのでしょう？ 自国の国民性が強いと、つまりナショナリズムが戦争を導くという考えがあります。対戦中の日本がそうでしたね。でも現在は平和のために、世界を1つのグローバル社会として考える傾向にあります。なので pro のアーギュメントとして使います。

□ nationalism

international conflicts と合体させて使いましょう。pro のアーギュメントです。

【con の場合】

□ tourism

観光産業を促進するためには、ナショナルアイデンティティーは重要です。例えば外国人が日本に来て、どこの国にいるのかわからないようでは面白くありませんよね。もちろん con のアーギュメントです。そのため、国民性はますます強くなりつつあると主張できます。

【pro/con 両方で使える】

□ language

グローバル社会の中で、例えば日本語の価値が弱まってきているか、それとも逆により重要性を増してきているか、ということで、pro にも con にも使えますね。immigration と組み合わせてサポートで使うと分かりやすいでしょう。移民が多くなり共通語の必要性が増すと、その国の言語の価値がだんだんと弱められ、同時にナショナルアイデンティティーも薄められるので、pro と主張できますし、con の場合は、そうなることに対抗してますますその国の言語の重要性が増し、ナショナルアイデンティティーが強くなると主張することもできますね。

□ values and traditions

tourism と合体させて con でも使えますし、また、最近は自国の伝統にあまり価値を見出さない人が増えていると pro の主張にも使えます。

サンプルを check！

それでは、このトピックのスピーチ／エッセイを作成してみましょう。

❶ There have been a lot of discussions and debates about whether national identity plays an important role in society. Some people attach more importance to national identity, and other people don't. Personally I think that national identity is less important in today's global society for the following two reasons.

❷ Firstly, increasing immigration has been making society multicultural, thus diluting the national identity of the host countries. For example, the recent increase in immigration of Hispanics and Asians has undermined the value of the English language and communication in American society.

Unit 7

解説

❶ イントロダクションは、雛形ですね。It is a highly controversial issue ...でもないので、ディスカッションやディベートが多くあるという雛形を使いましょう。国民性は重要ではなくなってきているという賛成意見を述べます。

❷ 1つ目の理由は、移民が入ってくると社会が多文化になり (making society multicultural)、受け入れ国の国民性が薄まる (diluting the national identity of the host countries) というアーギュメントです。「サラダ・ボウル (the salad bowl)」などと呼ばれているアメリカがそうですね。いろいろな人種が入ってくることによって、元々あったアイデンティティーが弱まります。そこで、サポートではそんなアメリカの社会の言語を例に出し、スペイン語や中国語が飛び交い、母語である英語の重要性が失われつつある (undermine the value of the English language) と主張します。

❸ There are so many immigrants who cannot speak English in the US that it has been increasingly difficult to provide education in English. This has been causing fragmentation of American society and eroding the language and culture of the country.

❹ Secondly, clinging to one's national identity will lead to nationalism, which often causes international conflicts. With increasing global economic interdependence, there has been decreasing tolerance among political and business leaders for nationalistic actions in the world.

❺ In conclusion, for these two reasons, increasing multiculturalism due to growing immigration and the possibility of causing international conflicts, I believe that national identity is becoming less important in today's global society.

Unit 7

解説

❸ ここではアメリカの現状をもう少し詳しく説明します。英語を話せない人が増え、英語での教育がしにくくなっているとか、アメリカの社会が断片化している (causing fragmentation of American society)、これはインド人街 (Indian quarters) とか〜人街と呼ばれる区域に分かれ、そこではその国の言語が飛び交っていたり、また家庭では違う言語を話したりして母語である英語やアメリカの伝統的な文化が 脅かされてきている (eroding the language and traditional culture of the country) と現状を述べてサポートします。

❹ 2つ目の理由は、まず国民性に固執することは、ナショナリズムにつながる (clinging to one's national identity will lead to nationalism) と述べ、それによってよく国際紛争を引き起こす (often causes international conflicts) と主張します。日本もあまりナショナリズムを表に出すと隣国や世界からも非難されますよね。そういうことです。サポートとして、経済的相互依存 (economic interdependence) によって世界では国家主義的な行動は受け入れられないようになってきているということですね (there has been **decreasing** tolerance for nationalistic actions in the world)。

❺ 結論ではポイントを句でまとめましょう。「移民の増大で多文化主義が増えること (increasing multiculturalism due to growing immigration)」と、「ナショナリズムが非常に問題があるという認識が高まってきたために、それを容認しないこと (decreasing tolerance for nationalism due to growing awareness about its serious flaws)」の2つですね。

第3章 エッセイ／スピーチ

❌ 反対のアーギュメント

1 Increasing immigration is making many people aware of the importance of preserving their native language against its corruption.

(移民が増えることにより、かえって多くの人が自国語が乱れないように守ることの重要性を意識するようになる)

2 Increasing international tourism is making people aware of the importance of preserving traditional values and culture.

(国際観光の増加により、人々は伝統的な価値や文化を守ることの重要性に気づいてきている)

Unit 7

全文訳

　国民性は社会において重要な役割を果たしているかどうかについて、多くの議論や討論が行われている。国民性を重要性視する人もいればそうでない人もいますが、個人的には2つの理由から、今日のグローバル社会においてナショナルアイデンティティーは重要ではなくなってきていると私は考える。

　まず第一に、移民が増えることで多文化社会になり、その国の国民性は薄まりつつある。例えば、アメリカの社会で、近年ヒスパニック系やアジア系の移民が増大していくにつれ、母国語である英語そのものの言語やのコミュニケーションとしての価値が損なわれてきている。

　アメリカでは英語を話せない移民が非常に多いため、英語での教育が難しくなってきているという現状がある。このためにアメリカの社会が断片化しアメリカの言語や文化が脅かされている。

　第二に、国民性に固執することはナショナリズムにつながり、よく国際紛争を引き起こす。世界の経済面での相互依存性が高まっている状況下で、政治のリーダーやビジネスリーダーたちは、世界の国家主義的な行動を容認しないようになってきている。

　以上、移民が増えることによる多文化主義の増大と、非常に問題があるためナショナリズムは容認しないという2つの理由から、ナショナルアイデンティティーは今日のグローバル社会において重要ではなくなってきていると私は確信する。

---

words & phrases

- attach importance to ~　〜を重要視する
- multicultural society　多文化社会
- dilute (weaken) the national identity　国民性を弱める
- Hispanics　中南米出身のアメリカ人
- undermine the value of ~　〜の価値を損なう
- fragmentation of American society　アメリカ社会の断片化
- erode the language and culture　言語や文化を損なう
- clinging to one's natinal indentity leads to nationalism　国民性に固執することは国家主義につながる
- cause international conflicts　国際紛争を引き起こす
- economic interdependence　経済的相互依存
- tolerance for ~　〜に対して容認すること

「文化・スポーツ」関連Q&Aトレーニング

Q1
Is multiculturalism beneficial to society?

解答例　　　　　　　　　　　　　　　　　　　　　CD 67

Yes, I think so for several reasons. Firstly, multiculturalism boosts the economy through overseas investment and increased job opportunity. Secondly, multiculturalism promotes cultural diversity due to the influx of different cultures, including languages and religions. Thirdly, it makes people more tolerant and open-minded toward each other as cross-cultural interactions broaden people's horizons and help them embrace cultural differences. Finally, multiculturalism makes people's life more stimulating through a variety of lifestyles and new cultures. Local people can enjoy a wider variety of products through multiculturalism. **(88 words)**

words & phrases
- □ cultural diversity　文化の多様性
- □ influx　流入
- □ cross-cultural interaction　異文化交流
- □ broaden one's horizons　視野を広げる
- □ embrace cultural difference　文化の違いを理解して受け入れる

ここを押さえて！

　文化に関連するトピックで最も狙われやすいのが、「**Multiculturalism（多文化）の是非**」です。説得力のあるアーギュメントは賛成の立場で、以下4点を挙げてサポートします。

Unit 7

❶ 外国からの投資や拡大した雇用機会により経済を高める
❷ 言語や宗教を含むさまざまな文化の流入により、文化の多様性を促進する（promotes cultural diversity）
❸ 異文化交流により視野が広がり文化の違いを受け入れ（embrace cultural differences）、人はもっと寛容になり偏見にとらわれなくなる
❹ さまざまな生活様式や新しい文化を通じて人々の生活はもっと刺激のあるものになり（make people's life more stimulating）、低価格で豊富な種類の商品を楽しめる

　本トピックは下記にあるようなデメリットもありますが、賛成側の意見の方がより説得力があると言えるでしょう。

試験官の質問にはこう答える！

Q: What are the disadvantages of multiculturalism?
（では、どのようなネガティブな面が考えられるか）

➡次のような答えが考えられます。

❶ A mixture of different nationalities and cultures will undermine national identity.
（さまざまな国民性や文化が混在して自分の国民性が蝕まれる）
❷ It will lead to a decline of traditional industries.
（伝統産業の減少につながる）
❸ It will cause cross-cultural conflicts.（異文化間の衝突を生む）

関連質問にはこう答える！

　Is Japan likely to become more multicultural in the future?（将来、日本はもっと多文化になるか？）の質問には、賛成側の方が強いアーギュメントができます。その理由としては、More and more companies are expanding their business overseas.（ますます多くの企業が海外進出している）ことや、The number of foreign visitors to Japan and the influx of foreign products are greatly increasing.（日本への外国人観光客の数や外国製品の流入が大幅に増えている）などの事実が挙げられるからです。

Q2

Is religion necessary for society?

解答例

Yes, I think so for two reasons. Firstly, religion can play an important role in inspiring people and alleviating their mental suffering. Religion can give people hope and consolation as well as confidence and courage even during tough times. Secondly, religion contributes to social cohesion and stability. It is because religion helps create a community where people can develop a sense of solidarity by sharing common values and activities. It also offers people a set of moral values and principles to live by, thus contributing to social stability. **(88 words)**

---

words & phrases
- inspire 人を鼓舞する
- alleviate 緩和する
- mental suffering 精神的な苦しみ
- consolation 癒し；慰め
- social cohesion and stability 社会的結束と安定
- solidarity 一体感

ここを押さえて！

文化の分野において重要な「**宗教の是非**」を問う問題。強いアーギュメントはYes の立場で、以下の2つのような理由を挙げましょう。

❶ 宗教は人々に前向きな力を与え、精神的苦痛を和らげる (alleviating their mental suffering)
❷ 同じ価値観や活動を共有することで人々に連帯感が生まれ、社会の結びつけと安定に貢献し (contribute to social cohesion and stability) 道徳的な生活規範を与える

反対側の理由としては、次の3つが考えられます。

Unit 7

❶ 宗教上の違いから対立を生む
（cause conflicts through religious differences）
❷ 狂信的行為によりテロの可能性が高まる（increase possibility of terrorism by fanaticism）
❸ 理性的な思考に支障を及ぼす（affect reasonable thinking）

試験官の質問にはこう答える！

Q: Some people argue that religion causes wars in the world without contributing to social stability.
（宗教は安定をもたらすのではなく世界では戦争を引き起こす原因になっている、と言う人もいるが）

➡ 宗教のメリット「社会に安定をもたらす」に対して、試験官からこのように反対尋問されたらどうしますか？　この場合は、まずは YES&NO（どちらとも言えない）と答えることになります。理由としては、Religion can strengthen cohesion in society, but at the same time, it can cause exclusion of other religions, thus leading to religious conflicts.（宗教は社会の結束を強くしますが、それと同時に他の宗教を寄せ付けず排他を生み、宗教対立を引き起こす原因にもなるからです）のように、一般的に宗教には「同じ価値観で安定を生む」ことと「他の宗教を排除しようとし争いを生みやすくする」という二面性があるからです。

　しかし、人類はかつて、歴史的に日本でも宗教の力を利用して国家を統治し社会秩序を安定させてきました（Our history shows that religion has greatly contributed to social stability in many nations.）。宗教の力がなかったら国は「無政府状態」と化し、人類の歴史においてもっと多くの戦争や対立が起こっていたと考えられ（Many countries would have descended to anarchy without religion, and more wars and conflicts could have broken out in human history.）、やはり社会（人類）にとって宗教は必要である（All in all, I think that religion is necessary for society.）のように、歴史において国家をまとめてきたという宗教の影響力を軸にした賛成側のアーギュメントの方が説得力はあるでしょう。

- Write an essay on the given TOPIC.
- Give THREE reasons to support your answer.
- Structure : Introduction, main body, and conclusion
- Suggested length : 200 - 240 words

添削なし★

Topic 2

Do the benefits of hosting international sporting events outweigh the disadvantages?

CD 69

★「国際競技大会の開催都市になるメリットはデメリットを上回るか」というトピックです。2020年のオリンピック開催国となった私たち日本人にとって、重要なトピックですね。オリンピック開催に関して言えば、ロサンゼルスオリンピック以前と以後とでは、スポーツ大会開催のイメージが大きく変わりました。以前まだアマチュアリズムの祭典であった頃は、1976年のモントリオール五輪などは大赤字で、開催国に手を挙げる都市は少なかったのですが、1984年ロサンゼルスオリンピックでは、オリンピックをビジネス化して大きな黒字を出し、後のスポーツ大会の開催モデルになりました。しかし近年は、また莫大なコストが問題となってきていますね。

　それではまず pro か con かのスタンスを決めて、次にポイントになる語句を考えてから、キーアイディアを作ってみましょう。

Unit 7

🧠 ポイントとキーアイディアを考えてみよう

【pro の場合】

☐ infrastructure

インフラが整備されてその国の交通網が進展(**development of transportation network**)すると、pro のアーギュメントになります。

☐ prestige

国際競技大会の開催地ということで世界中からの注目を浴び、国際的な信望(**international prestige**)が高まり、これも pro のアーギュメントです。

☐ tourism

もちろん pro です。観光収入(**tourism revenue**)が増え、経済の活性化(**boost economy**)につながりますね。

【con の場合】

☐ pollution

多くの人が集中することで、ゴミや温室効果ガス排出が増え、環境への悪影響(**environmental damage**)が考えられ、con のアーギュメントになります。

☐ security

国際競技大会の開催地はテロの攻撃の的になりやすいというアーギュメントで con になります。テロを警戒してよりセキュリティーが厳しくなり、安全性が増すとも言えますが、いずれにしろセキュリティーに関してはかなり問題になりそうなので(**can cause national seurity problem**)、con のアーギュメントです。

【pro/con 両方で使える】

☐ costs

con のアーギュメントだとコストがかかりすぎる(**too costly**)と、pro だとコストに見合うか(**worth the costs**)それ以上の利益があると主張できます。

これらのキーアイディアを考えると、pro の方が書きやすいでしょう。

サンプルを check！

それでは、このトピックのスピーチ／エッセイを作成してみましょう。

❶ There have been a lot of discussions and debates about whether hosting international sporting events is beneficial to the host country. Although some argue that it is not worth the costs, I think that its benefits outweigh the disadvantages for the following three reasons.

❷ Firstly, hosting international sporting events can boost the country's economy. For example, hosting the Olympics can boost the tourism and tourism-related industries. It will also generate huge profits from corporate sponsorship and TV broadcasting rights.

Unit 7

解説

❶ イントロダクションは定型文を使っていますね。多くのディスカッションや論争があり、反対意見もあるがメリットの方が上回ると述べます。

❷ 1つ目の理由は、国際競技大会は国の経済を活発にする(**boost the country's economy**)という主張です。オリンピックを開催すると、企業の資金提供やテレビの放映権で莫大な収益を挙げることができます(**generate huge profits from corporate sponsorship and TV broadcasting rights**)。また観光だけでなく、それに関連するホテル、レストランなどの消費が増えて、経済効果が見込まれるので(**boost the tourism and tourism-related industries**)と主張します。

❸ Secondly, hosting international sporting events can develop the infrastructure of the host country. The 1964 Tokyo Olympics was a successful case. Many infrastructure projects, including the Shinkansen bullet train, new highways and subway lines contributed greatly toward the advancement of transportation networks. Although some people point out the huge construction costs, the host country can recoup the investment in the development of infrastructure.

❹ Finally, hosting international sporting events such as the Olympic Games can enhance the prestige of the host country, which will bring numerous benefits to it. Although some people argue that drawing worldwide attention can increase the likelihood of becoming the target of terrorism, the reality is that it rarely happens.

Unit 7

解説

❸ 2つ目の理由は、開催国のインフラが整備される (**improve the infrastructure of the host country**) というアーギュメントです。サポートは、東京オリンピックの時の新幹線などの画期的なインフラ整備を挙げています。このサポートは少し古いので、二次テストで最近のことを聞かれた場合、例えば2020年のオリンピックに向けてのインターネットのWi-Fiの整備など、答えられるように用意をしておきましょう。ここでも膨大な建設費がかかる (the huge construction costs) という反対意見に少し触れますが、開催国はインフラ整備でその初期投資を回収する (**recoup the investment**) と巻き返します。

❹ 3つ目の理由は、開催国の名声が高まる (**enhance the prestige of the host country**) という主張で、それによって非常に多くの恩恵がもたらされると述べます。ここでテロリストの注意も引くのではないかという (increase the likelihood of becoming the target of terrorism) 反対意見を少し述べ、現実にはそういうことはめったにない (**the reality is that it rarely happens**) と反論します。

❺ In conclusion, for these three reasons, boosting the economy, developing the infrastructure and enhancing the prestige, I believe that the benefits of hosting international sporting events carry more weight than the disadvantages.

❌ 反対のアーギュメント

❶ The **high construction and maintenance costs** for the facilities for international sporting events can **be a great economic burden on the host country**. Host countries and cities often end up with a net loss on their investments.

(開催都市にとって国際スポーツ大会会場の建設、維持するための高い費用が大きな経済的負担となる。その投資が赤字に終わる開催国や都市もある)

❷ Hosting the sporting events **draw worldwide attention**, which can **increase the likelihood of becoming the target of terrorism**.

(オリンピック開催国は、世界中の注目を集めるため、テロの標的になる可能性が高まる)

❸ Many new facilities and infrastructures are left unused after the events.

(多くの新しい施設やインフラが大会が終わった後は使われていない)

Unit 7

解説

❺ 結論は、理由を句でまとめましょう。経済の活性化(**boosting the economy**)、インフラの整備(**developing the infrastructure**)、そして国際的な信望が高まる(**enhancing the prestige**)の3つですね。

全文訳

　国際競技大会を開催することは開催国にとって有益かどうかについて、これまで多くのディスカッションや論争が起きている。コストに見合わないと主張する人もいるが、そのメリットはデメリットを上回ると私は考える。

　まず第一に、国際競技大会を開催することにより、その国の経済が活性化される。例えば、それによって企業の資金提供やテレビの放映権で莫大な収益を挙げたり、観光産業もしくは観光関連産業を活発化することができる。

　第二に、国際競技大会を開催することで開催国のインフラが整備される。1964年の東京オリンピックはその成功した例である。新幹線、新しい高速道路、地下鉄などの多くのインフラ計画は交通網の進展に大きく貢献した。その莫大な建設コストを指摘する人もいるが、インフラの発達はその初期投資を回収する。

　最後に、オリンピックのような国際競技大会を開催することはその国の名声を高め、非常に多くの恩恵をもたらす。世界から注目を集めることでテロのターゲットになる可能性も高くなると反論する人もいるが、現実にはそのようなことはめったに起こらない。

　結論として、このような3つの利点、すなわち経済の活性化、インフラの整備、そして名声を高めるため、国際競技大会を開催することのメリットはデメリットを上回ると私は確信する。

---

words & phrases

- be beneficial to 〜　〜にとって有益である
- boost the economy　経済を活性化する
- corporate sponsorship　企業の資金提供
- TV broadcasting right　テレビの放映権
- tourism-related industry　観光関連産業
- transportation network　交通網
- improve the infrastructure　インフラを整備する
- enhance the prestige　名声を高める
- likelihood of becoming the target of terrorism　テロのターゲットとなる可能性

「文化・スポーツ」関連Q&Aトレーニング

Q3
Is Japan making enough efforts to preserve its cultural heritage?

解答例

No, I don't think so. It is because the government has not been providing enough support to the protection of cultural heritage. For example, the budget allocated for the preservation of cultural assets is only 0.1 percent out of the total national budget, which is extremely low compared with other countries. The government has also decreased the budget for renovation of historical structures, and human resource development to preserve traditional handicrafts. Many time-honored businesses in the traditional craft industry are going bankrupt due to an acute shortage of successors for their traditional craftwork. **(95 words)**

words & phrases
- cultural heritage　文化遺産
- allocate　割り当てる
- renovation　修理；復元
- human resource development　人材育成
- handicraft　手工芸品
- time-honored　老舗の
- acute shortage of successors　深刻な後継者不足

Unit 7

ここを押さえて！

「**文化遺産や伝統の保護**」に関するトピックは重要ですが、その中から「日本は文化遺産保護に努力をしているか」を問う問題。強いアーギュメントは No の立場で、次のようにサポートしましょう。

❶ 政府は文化遺産保護に十分な援助を行っておらず、例えば文化財の予算 (budget allocated for cultural assets) は、国家予算の内のわずか0.1%で、他の国々と比べて非常に低い
❷ 政府は歴史建造物の修復や、伝統工芸品を守る職人の人材育成 (human resource development) の援助を削減している
❸ 伝統工芸の深刻な後継者不足 (acute shortage of successors) により、多くの伝統的なビジネスが倒産している

試験官の質問にはこう答える！

Q: Why is it important to preserve cultural assets?
（なぜ文化遺産を守ることは重要なのか）

➡以下のような理由を挙げましょう。

❶ 国際観光を促進する
（promote international tourism）
❷ 文化的伝統の保護に役立つ
（contribute to the preservation of cultural traditions）
❸ 文化的なアイデンティティー［独自性］に関する国民の認識を促す
（promote public awareness about cultural identity）
❹ 伝統文化保護の重要性についての公共の意識を高める
（raise public awareness about the significance of preserving cultural traditions）

Q4

Does art make an essential contribution to society?

解答例

Yes, I think so for several reasons. Firstly, art boosts the economy. Hollywood movie production, music concerts, and auctions for paintings will bring in huge profits and increase job opportunities. Secondly, art greatly enhances the quality of life. Movies, concerts, art museums will bring great joy and excitement to our life. Thirdly, art promotes mutual understanding between people with different languages and values because of its universal value that transcends national boundaries. Lastly, art preserves the cultural legacies of humankind. Art museums and exhibitions as well as cultural heritage sites preserve numerous artifacts created by great artists. **(97 words)**

words & phrases
- ☐ **bring in huge profits** 大きな収益を生む
- ☐ **mutual understanding** 相互理解
- ☐ **universal value** 普遍的な価値
- ☐ **transcend national boundaries** 国境を越える
- ☐ **cultural legacy** 文化遺産
- ☐ **artifact** 工芸品

ここを押さえて！

「アートの社会における役割」を問う問題。「芸術」の定義は広く、絵画や彫刻、建築だけに留まらず、音楽・演劇・映画・文芸まで多岐に渡ることに注意しましょう。説得力あるアーギュメントは Yes の立場で、次の4つのような理由を述べましょう。

❶ 映画やコンサート・絵画のオークションなどで利益をもたらし (bring in huge profits) 経済を高める

❷ 楽しみや興奮を与え、生活の質を高める
❸ 芸術は、その国家間の垣根を越える普遍的な価値 (universal value that transcends national boundaries) により、人々の異文化への相互理解を深める
❹ 人類の文化遺産を保護する役割をする

❷に関しては、よくある悪いパターンが「アートは我々を感動させてくれるので必要だ」のように、単に感覚的な意見を述べているだけのものです。このままではまだ一番重要なポイントを述べておらず、中途半端です。力強いアーギュメントにするには「アートは、感動や刺激を与え（その結果）我々の生活の質を向上させる」のように、その理由の一番大きなポイントである「生活を豊かにしてくれる」ことを述べなくてはなりません。注意しましょう。

❓関連質問にはこう答える！

Q: What do you think about the export of Japanese pop culture to foreign countries?
（日本のポップカルチャーが海外に輸出されることに関してどう思うか）

➡これに対しては、賛成意見として、次の2点を挙げましょう。

❶ 日本の文化をより理解してもらえる
（give foreigners better understanding of Japanese culture）
❷ 日本語を学ぶ人が増え、観光産業を活性化する
（boost the tourism industry）

Unit 8 家庭・高齢化

男女平等や同性婚などの、家庭や高齢化に関する1つのスピーチ／エッセイと、4問のQ&Aに挑戦しましょう。

- Write an essay on the given TOPIC.
- Give THREE reasons to support your answer.
- Structure: Introduction, main body, and conclusion
- Suggested length: 200 - 240 words

添削なし★

Topic 1

Will society with an aging population face a crisis in the future?

CD 73

★高齢化社会は将来危機に直面するかというトピックです。これはよく出題されるトピックで、エッセイライティング、2次試験対策においても、話を発展させる時に使える基礎となる重要なトピックなので、しっかりと意見をまとめておきましょう。

それではまずproかconかのスタンスを決めて、次にポイントになる語句を考えてから、キーアイディアを作ってみましょう。

Unit 8

🧠 ポイントとキーアイディアを考えてみよう

【pro の場合】

□ economy

高齢化社会になることで将来経済状態が悪くなるか、またはならないか？ pro のアーギュメントでは、労働年齢人口が減ることで購買力が減り (**purchasing power will decrease**)、不景気になると主張できますね。

□ labor shortage

退職者が多くなり労働者不足になると、pro のアーギュメントになります。労働生産力の低下は国にとって深刻な問題です。

□ welfare

高齢者の生活保護に関する問題、年金や医療保険の問題 (**pension crisis and healthcare crisis**) は今でも深刻化しつつあるので、pro のアーギュメントですね。

□ taxes

労働年齢人口が減ることで税収不足 (**tax revenue shortage**) になり、pro のアーギュメントになります。

【con の場合】

□ immigration

con のアーギュメントです。移民を多く受け入れることで将来労働者不足 (**labor shortage**) にならないと主張できます。

□ role of senior citizens

これも con です。高齢者は社会にとって重要な役割を果たすので、将来危機にならないと主張できます。

以上、このまま高齢化社会が続けば、労働者不足 (**labor shortage**)、生活保護 (**welfare**) に関する問題、税収不足など様々な問題が起こり、しかも購買力が減り経済 (**economy**) にも悪影響を及ぼすので、pros のアーギュメントが強いと言えますね。

サンプルを check！　CD 74

それでは、このトピックのスピーチ／エッセイを作成してみましょう。

❶ Nowadays the problem of aging society with a declining birthrate is getting increasingly serious in many developed countries. I think that society with an aging population will face a crisis in the future for the following three reasons.

❷ Firstly, an aging society with a declining birth rate will have a welfare crisis. The pension system may collapse due to a decline in the government tax revenue. In addition, ballooning medical costs for the elderly will exacerbate fiscal deficits, thus leading to a healthcare crisis.

Unit 8

解説

❶ イントロダクションでは、高齢者社会は将来危機に直面するという意見に賛成であると述べます。

❷ 1つ目の理由は、少子高齢化社会により福祉制度が危ぶまれる（**have a welfare crisis**）というアーギュメントです。welfare crisis には、年金制度崩壊の危機（**the collapse of the pension system**）と医療制度の危機（**healthcare crisis**）があり、この2つをサポートとして取り上げます。労働者人口が減ることで、政府の税収が減り（due to **a decline in the government tax revenue**）年金制度の崩壊を招き、また老人医療費が膨れ上がり（**ballooning medical costs for the elderly**）財政赤字を悪化させ、医療制度の危機を招くと主張します。

❸ Secondly, the rapid aging of society will cause a decrease in consumption, thus weakening the national economy. Purchasing power will decrease due to a significant decline in the working-age population and a significant increase in the number of elderly people struggling to make ends meet on a pension.

❹ Finally, a society with an aging population will face a labor shortage. In fact, Japan is already suffering from a shortage of workers in the field of construction, agriculture and nursing care. There will be a more serious labor shortage in the future, especially in industries requiring a young workforce.

❺ In conclusion, for the above-mentioned three reasons, a welfare crisis, a weakening of the economy and a labor shortage, I believe that an aging society will face a serious crisis in the future.

Unit 8

解説

❸ 2つ目の理由は、消費が減り (**a decrease in consumption**)、国の経済を弱体化させるというアーギュメントです。労働年齢人口が激減 (**a significant decline in the working-age population**) し、年金でなんとか生活する高齢者 (elderly people struggling to make ends meet with a pension) が増えるということは、国民の購買力が減るということにつながりますね。

❹ 3つ目の理由は、労働者不足 (**a labor shortage**) です。これは既に超高齢者社会 (**super-aging society**) に突入している日本の今の現状を例にだして、具体的な職種を挙げましょう。実際人手不足で倒産した建設会社などもあり、二次試験でも強いアーギュメントができるように用意しておきましょう。

❺ 結論は、理由を句でまとめましょう。福祉制度の危機 (a welfare crisis)、経済の弱体化 (a weakening of the economy) そして、労働者不足 (a labor shortage) の3つですね。

❌ 反対のアーギュメント

❶ Increased use of foreign, female, elderly workforce can solve the problem of labor shortage, welfare crisis, and a weakening of the economy.

(外国人、女性、高齢者の労働力をもっと使えば、労働力不足、福祉危機、経済の弱体化などの問題を解決できる可能性がある)

全文訳

　今日多くの先進国で少子高齢化問題がますます深刻化している。私は以下の3つの理由から、高齢化社会は将来危機に直面すると考える。

　第一に、少子高齢化社会は、福祉制度の危機を引き起こす。政府の税収が減ることで年金制度は崩壊し、膨れ上がる高齢者医療費は財政赤字を悪化させ、医療制度の危機となる。

　第二に、高齢化社会は消費の減少を引き起こし、国の経済が弱体化するだろう。労働年齢人口の激減と年金でやりくりする高齢者が大幅に増えるため、購買力が落ちるからである。

　最後に、高齢者社会が続くと労働者不足に直面する。事実日本ではもう既に建設、農業、介護などの業界で労働者が不足している。将来は特に若い労働力を必要とする業界でより深刻な労働者不足が予想される。

　結論として、上で述べた理由、すなわち福祉制度の危機、経済の弱体化、そして労働者不足の3つの理由から、高齢化社会は将来深刻な危機に直面すると私は確信する。

---

words & phrases

- populations are aging [societies are aging] rapidly　高齢化が急速に進む
- aging society with declining birth rate　少子高齢化社会
- welfare crisis　福祉制度の危機
- the collapse of the pension system　年金制度の崩壊
- healthcare crisis　医療制度の危機
- ballooning medical costs for the elderly　膨張する高齢者医療費
- weaken[dampen] the economy　経済を弱体化させる
- a decrease in consumption　消費の減少
- purchasing power　購買力
- a decline in the working-age population　労働年齢人口の減少
- make ends meet on a pension　年金で何とか生活する

Unit 8

「家庭・高齢化」関連 Q&A トレーニング

Q1
How can we deal with a superaging society?

解答例

There are several countermeasures for this problem. Firstly, the government has to take measures to increase the number of caregivers and build more nursing care facilities. Secondly, companies should raise the mandatory retirement age and increase the female and foreign workforce to compensate for the decreasing young workforce. Workers in the sixties are highly experienced and most of them are still productive. Thirdly, individuals should make anti-aging efforts including practice of preventive medicine to decrease welfare dependency and health care, while investing in private pension in order to compensate for decreasing pension provision. **(93 words)**

---

words & phrases
- □ **nursing care facility** 介護施設
- □ **mandatory retirement age** 定年退職年齢
- □ **compensate for ~** ~を埋め合わせる
- □ **anti-aging effort** 老化防止の努力
- □ **preventive medicine** 予防医学
- □ **welfare dependency** 福祉への依存
- □ **private pension** 個人年金
- □ **pension provision** 年金支給

ここを押さえて！

結婚・家庭分野で非常に重要な「**超高齢化社会への対応策**」を問う問題。

具体例としては次のように、政府・企業・個人それぞれの3つの立場から対策を述べるとよいでしょう。

> ❶ 政府は介護士や介護施設の数をもっと増やす
> ❷ 企業は減少する若い労働力の埋め合わせをするために定年退職年齢を引き上げ (raise the mandatory retirement age) 女性や外国人労働を増やす
> ❸ 個人は予防医学を含むアンチエイジングの努力をし (make anti-aging efforts including preventive medicine)、減額されつつある年金支払いの埋め合わせに個人年金にも投資する

関連質問にはこう答える！

Q: What are major contributing factors in the declining birth rate?
(少子化の主な原因はどんなものがあるか)

➡ この質問には、次のような要因を挙げます。

> ❶ 夫婦への教育費などの莫大な金銭的負担
>   (financial burden on couples)
> ❷ 長引く景気停滞 (prolonged economic downturn)
> ❸ 晩婚化 (late marriage)で、子供をたくさん産めない
> ❹ 女性の経済的自立 (women's economic independence)
> ❺ 仕事と育児の両立が難しい (difficulty in juggling office work and child-rearing)

ここでのネタは、「晩婚化 (late marriage)」の原因とも重複するものがあるのでしっかり準備しておきましょう。

試験官の質問にはこう答える！

Q: How should we deal with Japan's declining birth rate?
(日本の少子化への対応策はどんなものがあるか)

➡ 以下のような具体策を挙げましょう。

> ❶ The government should build more child-care facilities for working parents. (政府は働く親のために育児施設をもっと建設する)

Unit 8

❷ The government should increase the amount of child-rearing support.（政府は子育て手当を増やす）
❸ Companies should support their female employees who want to go back to work after maternity leave.
（企業は育児休業後に職場復帰したい女性社員を支援する）
❹ Fathers should be actively involved in child rearing.
（父親が積極的に育児に参加する）

Q2

Is it necessary for couples to share household chores?

解答例

I think it depends on their workload. As for a full-time homemaker, I think couples can share housework only on weekends, but in the case of working couples with an almost equal workload, housework sharing is very important because it is unfair for women to bear the double-burden of both office work and housework. Sharing household duties plays a vital role in promoting gender equality and sustaining a happy marriage. I think that fathers in Japan should take child-care leave and get more involved in child rearing. **(87 words)**

words & phrases
- full-time homemaker 専業主婦
- bear the double-burden 二重の負担を背負う
- gender equality 男女平等
- sustain a happy marriage 幸せな結婚生活を維持する
- take child-care leave 育休を取る
- child rearing 子育て

ここを押さえて！

「男女平等」に関するトピックは非常に重要ですが、その中から「夫婦は家事を分担すべきか」を問う問題。強いアーギュメントは Yes の立場で、次のような理由を挙げましょう。

❶ どちらかが主婦（主夫）(full-time homemaker) の場合には、週末に家事の分担をする

Unit 8

❷ 外で同じぐらい仕事をする夫婦（working couples with an almost equal amount of workload）では家事分担は必要であり、その理由としては、女性が仕事と家事の二重の負担を背負うのは不公平であり、家事分担は男女平等を促進し（promote gender equality）、幸せな結婚生活を維持する（sustain happy marriage）ためにも重要である

最後は、父親が育児休暇を取り、もっと子育てにも参加すべきだ（get more involved in child rearing）と締めくくります。

試験官の質問にはこう答える！

Q: Do you think that women should stay at home to take care of children?
（女性は子育てのために家庭に入るべきか）

➡このように聞かれた場合も男女の家事分担に賛成の立場を貫くことに徹し、"Under the principle of gender equality, it's unfair that only women should give up their career and stay at home for child rearing. It goes against the principle of gender equality."（男女平等の法則において、女性だけがキャリアをあきらめ家で子育てすることは不公平であり、それは男女平等の理念に反する）と答え、自分の主張に一貫性をもたせましょう。このように、一度自分の立場を決めたら試験官の質問に影響されてポジションがぐらつかないように訓練しておかなくてはなりません。

関連質問にはこう答える！

Q: Can working parents play a sufficient role in raising their children?
（共稼ぎの両親は子育てに十分な役割を果たせるか）

➡この質問に対しては、No の方が説得力はあるでしょう。理由としては、"Many parents have to work hard because they bear the heavy financial burden of children's education and home mortgage payment."（親の多くは教育費や住宅ローンなどの経済的負担を抱えているため、一生懸命仕事をしなくてはならず）、"In some cases, they have to look after their aging parents."（また場合によっては自分の親の介護などもあり）、子育てには十分な時間が確保できない場合が多いことが挙げられます。

Q3

Do the benefits of same-sex marriage outweigh its disadvantages?

解答例

CD 77

Yes, I think so for the following four reasons. Firstly, homosexual couples have equal rights to marriage just like heterosexual couples. Secondly, legalization of same-sex marriage will lead to elimination of prejudice or discrimination not only against homosexuality but also based on gender, race, and religion, as a whole. Thirdly, same-sex marriage will contribute to social stability because it fosters family ties and long-term relationships among gay couples. Finally, homosexual couples will contribute to society by adopting underprivileged orphans and raising them as if they were their own offspring.

(89 words)

---

words & phrases
- heterosexual　異性愛者
- social stability　社会の安定
- foster family ties　家族の絆を育む
- underprivileged orphan　恵まれない孤児
- offspring　子供

ここを押さえて！

結婚・家庭分野において重要な「**同性結婚の是非**」を問う問題。世界では同性婚を認める国が増えてきており、例えばアメリカでも全ての州で合法となりました。説得力のあるアーギュメントは Yes の立場で、次のようなサポートをしましょう。

❶ 同性愛者も異性愛者と同様に結婚をする権利がある

Unit 8

❷ 同性婚の合法化は同性愛のみならず、性、人種、宗教など社会全体の偏見や差別撤廃につながる
(lead to elimination of prejudice or discrimination)
❸ 同性結婚は家族の絆 (family ties) や長期的な関係を育むので社会の安定をもたらす
❹ 恵まれない孤児 (underprivileged orphans) を養子として迎え社会に貢献する

デメリットとしては、次の3点が挙げられます。

❶ 同性婚による配偶者控除 (tax exemption for a spouse) などの社会的な優遇措置 (social benefits) で納税者の負担が増える
❷ 伝統的な家族の価値観が損なわれる
(undermine traditional family values)
❸ 同性結婚により異性結婚をしなくなる人もいるので出生率低下につながる

試験官の反論にはこう答える！

Q: Do you still support same-sex marriage despite the fact that it will impose a higher financial burden on taxpayers?
（同性婚により納税者の経済負担が増えるのに、あなたはそれでも賛成なのですか）

➡このように反論された場合はどう答えるのでしょうか？　確かに誰でも税負担の増加には反対したいところですが、その場合は「社会的マイノリティーへの保護が将来的にもたらす例えば差別撤廃のようなポジティブな社会的影響」を軸に主張を曲げず、"It is indeed a disadvantage for taxpayers. However, accepting the same-sex marriage will have a ripple effect of eradicating social prejudice and discrimination against minorities in society as a whole, including homosexuals. I believe that this advantage far outweighs the disadvantage."（確かに税負担が増えるのはデメリットであるが、しかし、同性婚を認めることで、同性愛者を含む社会全体のマイノリティーに対する差別や偏見の撤廃へとつながる波及効果がある。この利点の方が、はるかにその不利益より意味がある）と反論しましょう。

Q4

Should Japan make more efforts to achieve gender equality?

解答例

Yes, I think so for three reasons. Firstly, according to the latest report on gender equality, Japan still falls far behind other developed countries in female empowerment. In fact, women in management-level positions account for only 11% of all workers at large companies, the lowest percentage in developed countries, while women in the Diet made up only 8% of all Diet members in 2014. Secondly, there is a big gender difference in salary in Japan. Female workers in Japan receive 33% less than their male counterparts. Thirdly, only about 2% of male workers in Japan take paternity leave, while about 80% of women take maternity leave, which demonstrates that married couples heavily depend on women for child-rearing. **(118 words)**

---

words & phrases
- fall far behind ~　~からかなり遅れをとる
- female empowerment　女性の社会的地位の向上
- account for ~　~を占める
- the Diet　国会
- Diet member　国会議員
- counterpart　同等の人
- paternity leave　父親の育児休暇

ここを押さえて！

「男女平等」に関してよく狙われるのが、「**日本は男女平等実現にもっと努力するべきか**」のような一般社会での男女平等の現状を問うトピックです。説得力があるのは Yes の立場で、次のような事実を述べましょう。

Unit 8

> ❶ 日本は他の先進国よりかなり遅れをとっており (fall far behind other developed countries)、大企業での女性管理職 (women in management-level positions) の割合はわずか11％で先進国では最下位であり、また、2014年度において国会議員の女性が占める割合はわずか8％である
> ❷ 給与の面でも男女では大きな差があり、女性社員は男性社員 (male counterparts) と比べ33％も給料が低い
> ❸ 日本では育児休暇をとる父親がわずか2％であり、このデータも夫婦が子育てを大幅に女性に頼っていることを物語っている

本トピックは「証明型」トピックなので、最新データの背景知識が必要です。

🥊 試験官の質問にはこう答える！

Q: Do you believe in gender equality?
（あなたは男女が平等であると思いますか）

➡ Yes 側の意見として、"I'm not biased about gender roles. For example, I don't see any problems with a man staying at home taking care of housework and a woman bringing home the bacon as a breadwinner."（自分には性別による役割分担に対して偏見はなく、例えば男性が家にいて家事をしたり、女性が稼ぎ頭として仕事をし生活費を稼ぐことにも抵抗はありません）のような答えがあるでしょう。

❓ 関連質問にはこう答える！

Q: Why do few fathers take child-care leave in Japan?
（日本では、どうして育児休暇をとる父親があまりに少ないのか）

➡ このように聞かれた場合は、次のような理由を挙げましょう。

> ❶ They feel reluctant to take paternity leave under peer pressure.
> （上司や同僚からのプレッシャーを感じて育休をとりたがらない）
> ❷ Many fathers still have a traditional notion of gender roles, which is deep-rooted in their mentality.
> （多くの男性が、男女の役割りに関してまだ非常に伝統的な考えを持ち、それが彼らの精神構造に深く根付いている）

Unit 9 メディア

SNSや広告の是非などといった、メディアに関する2つのスピーチ／エッセイと4問のQ&Aに挑戦しましょう。

- Write an essay on the given TOPIC.
- Give THREE reasons to support your answer.
- Structure: Introduction, main body, and conclusion
- Suggested length: 200 - 240 words

添削なし★

Topic 1

Do the benefits of social networking service outweigh the disadvantages?

CD 79

★ソーシャルネットワークのメリットはデメリットを上回るかというトピックです。"... outweigh ..."型のトピックですから、利点とマイナス点を天秤にかけて少しでも傾いた方を選びましょう。世の中には完璧に良いもの、悪いものなどありません。相対的に考えて価値判断（value judgment）をするということは、政治家や教育者や、その他全ての人にとっても非常に重要なことです。エッセイを考える事により、その能力を鍛えましょう。

　それではまず pro か con かのスタンスを決めて、次にポイントになる語句を考えてから、キーアイディアを作ってみましょう。

Unit 9

🧠 ポイントとキーアイディアを考えてみよう

【pro の場合】

☐ human relationships

SNSにより、友人との関係が深まる(**improve human relations**)ので、pro のアーギュメントになります。

☐ business

Facebook などはビジネスの促進、宣伝に使われていますので、pro です。

☐ information

最新の情報を即座に伝えることができると、pro で使います。

【con の場合】

☐ privacy

ネット上でのプライバシーの侵害(**online invasion of privacy**)があるかもしれないということで、con でしょう。

☐ crime

これも con ですね。身元詐称(**identity theft**)や詐欺(**fraud**)などのネット犯罪に巻き込まれたりするかもしれません。

☐ time-wasting

これも con ですね。addiction のようになって、Facebook などに長い時間を費やしたりして、仕事や勉強に支障をきたすかもしれませんね。

さて pros と cons、どちらが書きやすいでしょうか? これはソーシャルメディアを利用している人と、していない人とで意見が割れそうですね。ポイントから判断するとどちらでも書けますが、二次テストで突っ込まれた場合、世界の動向や利用者数、宣伝効果、犯罪や addiction の数などを比較して相対的に考えると、天秤はどちらに傾くでしょうか?

サンプルを check！

それでは、このトピックのスピーチ／エッセイを作成してみましょう。

❶ Since the advent of a social networking service, or SNS, there have been a lot of discussions and debates about whether or not they are beneficial to society. With an increase in the number of SNS users these days, I think that the benefits outweigh the disadvantages for the following three reasons.

❷ Firstly, SNS improves human relationships. SNS helps people stay in touch with friends they cannot see regularly. SNS also helps shy or socially isolated people or senior citizens connect with other people. Although some people argue that SNS can be a time waster, human relationships are valuable assets.

Unit 9

解説

❶ イントロダクションは雛形ですが、**Since the advent of ...** を付け加えるだけで、格調高くなりますね。最近のSNSを使う人が増えている状況下で (with an increase in the number of SNS users these days)、デメリットよりメリットの方が多いという主張です。

❷ 1つ目の理由は、SNSは人間関係を深める (improve human relationships) で、普段会えない友人と連絡を取り続けたり、内気な人や年配の人 (senior citizens) などが他の人とつながる手助けをする、とサポートを続けましょう。しかし、SNSは時間の無駄 (a time-waster) という反対意見もあると述べ、それでもSNSによって築かれる人間関係は貴重な財産であると、巻き返します。このように、outweigh型のエッセイでは、デメリットを紹介し、メリットとデメリットをどこかで比較する必要があります。**「outweigh型エッセイではメリットを挙げるのみでは不十分」**と覚えておきましょう。

❸ Secondly, SNS facilitates the dissemination of useful information among users. For example, when natural disasters like earthquakes occur, people can share detailed information about disasters and evacuation procedures. Although some people are concerned about online invasion of privacy, most SNS users observe "netiquette".

❹ Finally, SNS will help boost business, working as a cost-effective advertising media. For example, companies can increase their sales by using various features of SNS such as popularity ratings and celebrity endorsements to attract millions of Facebook and Twitter users every day.

Unit 9

解説

❸ 2つの理由は、役に立つ即時の情報伝達が容易である（**facilitate the dissemination of useful, real-time information**）ということです。東日本大震災の時は、FacebookやTwitterが大変活躍しましたよね。それで大切な命が助かることもあるでしょう。そして、ここでも情報伝達が容易であることによって起こるマイナス面を指摘します。プライバシー侵害を懸念する人もいるでしょう、と。でも大半のSNSユーザーは、ネチケット（**netiquette** = network ＋ etiquette）、すなわちネット上のエチケットをわきまえているので、問題ないと主張します。

❹ 3つ目の理由は、SNSはビジネス促進に役立つというアーギュメントです。コスト効率の良い宣伝媒体になる（**working as a cost-effective advertising media**）からです。毎日何百万人もの人がFacebookやTwitterを利用しているのですから、すごい宣伝効果で売り上げも伸び、テレビのコマーシャルなどに比べてコスト効率も良いでしょう。

その他のキーアイディアとして、SNS facilitates political change. (SNSが政治変革を容易にする) があります。エジプトのアラブの春（Arab's Spring）の民主化運動でのSNSの影響などを例に挙げてサポートするとよいでしょう。

❺ All in all, I believe that the disadvantages of SNS, a time-waster and possible invasion of privacy, are outweighed by the above-mentioned benefits, building valuable interpersonal relationships, facilitating the dissemination of useful information, and boosting business.

Unit 9

解説

❺ 結論ではもう一度アーギュメントのポイントを句で述べましょう。貴重な対人関係を築き(**building valuable interpersonal relationships**)、役に立つ情報を容易に伝達し(**facilitating dissemination of useful information**)、そしてビジネスを押し上げる(**boosting business**)の3点のメリットが、デメリットを上回ると述べて締めくくりましょう。

❌ 反対のアーギュメント

1 Social networking services **carry the risk of online crimes** such as **identity theft** and **fraud**.

（ソーシャルネットワーキングサービスは、身元詐称や詐欺などのネット犯罪に遭う危険性をはらんでいる）

2 Social networking services can cause **online invasion of privacy**, and in the worst case encourage **cyber bullying** which can cause more harm to the victim than face-to-face bullying.

（ソーシャルネットワーキングサービスはネット上でのプライバシーの侵害を起こし、最悪の場合には対面型のいじめより被害者をさらに傷つける可能性のあるネット上でのいじめを助長する）

3 Social networking services can be a **time waster** that can cause addiction in many people.

（ソーシャルネットワーキングサービスは多くの人々が病みつきになり、時間を浪費してしまう）

全文訳

　ソーシャルネットワーク（SNS）の出現以来、それが社会に有益であるかどうかについての議論や論争が多くあります。今日のSNS使用者が増加している状況下で、そのメリットはデメリットを上回ると以下の3つの理由から私は考える。

　第一に、SNSは人間関係を良いものする。SNSにより、人々は定期的に会えない友人と連絡を取り続けたり、内気であったり、社会的に孤立している人々、または年配の人が他の人とつながりを持つ手助けをする。SNSが時間を浪費する可能性があると主張する人もいるが、人間関係は貴重な財産である。

　第二にSNSは役立つ情報をユーザーの間で容易に伝えることができる。例えば、地震のような自然災害が起こった時、人々は災害や避難手順などの詳しい情報を共有できる。中にはネット上のプライバシーの侵害を懸念する人もいるが、たいていのSNSユーザーは「ネチケット」を守っている。

　最後に、SNSはコスト効率の良い宣伝媒体としてビジネスを後押しする。例えば、会社は毎日何百万人ものFacebookやTwitterのユーザーの注意を引き付けるために、人気度や有名人の推薦などのSNSの様々な機能を使って会社の売上げを伸ばすことができる。

　全体的に見て、貴重な対人関係を築き、役に立つ情報を容易に伝達し、ビジネスを押し上げるというSNSのメリットが、デメリットを上回ると私は確信している。

---

words & phrases

- since the advent of ~　～の出現以来
- time waster　時間の無駄になること
- facilitate the dissemination of ~　～の伝達を容易にする
- evacuation procedures　避難手順
- invasion of privacy　プライバシーの侵害
- netiquette (= net + etiquette の合成語)　ネチケット：ネット上のエチケット
- popularity ratings　人気度
- celebrity endorsements　有名人の推薦

Unit 9

「メディア」関連 Q&A トレーニング

Q1
Does the benefit of the Internet outweigh its disadvantages?

解答例

Yes, I think so for three reasons. Firstly, the Internet is a great source of information, which allows people to find various kinds of information in a matter of second. Secondly, the Internet expands business opportunities in the world through e-commerce, online advertising and social networking services. Thirdly, the Internet will broaden educational opportunities. People living in remote areas can gain access to higher education through e-learning. Although some people point out the disadvantages of the Internet such as cyber crime, harmful websites for the adolescent, misleading online advertisements, I think that the benefits far outweigh the disadvantages. **(98 words)**

words & phrases
- in a matter of second　あっという間に
- remote area　辺ぴな地域
- cyber crime　ネット犯罪
- the adolescent　青少年
- misleading　誤解を招く恐れのある

ここを押さえて！

　メディア分野で最重要の「インターネットの是非」を問う問題。強いアーギュメントは Yes の立場で、次の3つのメリットを挙げています。

❶ インターネットは情報の宝庫(a great source of information)で、さまざまな種類の情報を瞬時にして見つけることができる
❷ インターネットは電子商取引やネット広告、SNSサービスなどを通じて世界中でビジネスの機会を広げる(expand business opportunities in the world)
❸ インターネットは教育の機会を広げ、辺ぴな地域に住む人も勉強できる

デメリットとしては、ネット犯罪や青少年への有害なサイト(harmful websites for the adolescent)、誤解を招くネット広告の3つをあげ、総合評価としては「はるかに利点が勝る」としています。

試験官の反論にはこう答える!

❶の「インターネットで瞬時にして多くの情報を得られる」というメリットに対して「ネットの情報は信用できないものも多いのではないか」と反対尋問されたらどう答えますか? この場合は、「信頼できそうなものを自分の判断力と照合により選び出せば解決する」といった切り口で、"Some information is not reliable. Therefore, people should not take it as a face value at first and exercise their critical thinking."(確かにネットの情報というのは信用できないものも含まれるので、最初から全面的に信用するのではなく、批判的思考を働かせるべきだ)、そして、"It is important to go to several sites for cross reference so that you can identify misinformation."(いくつかのサイトで情報を照合することが重要で、そうすることで間違った情報を見極めることができる)のように反論しましょう。

関連質問にはこう答える!

Q: What are effective countermeasures for increasing cyber-crime?
(増加するネット犯罪への効果的な対策は何か)

➡このように聞かれた場合は、次のような答えが適切でしょう。

❶ People should develop media literacy to avoid falling for a fraud.
(ネット詐欺にだまされないようメディアリテラシーを鍛える)

Unit 9

❷ It is important to beef up your Internet security with advanced software or firewalls.
（最新型のソフトウェアやファイヤーウォールを使ってネットセキュリティーを強化する）

❸ You should upgrade your password regularly.
（定期的にパスワードを更新する）

❹ Don't post your private information on shady or crappy-looking websites.
（怪しげで低俗そうなサイトで個人情報を載せない）

Q: What are the benefits of online shopping?
（通販の利点とは）

➡この質問には、次のような答えが挙げられます。

❶ Consumers can have a wide variety of choice.
（消費者に多くの選択肢を与える）

❷ People can buy products more cheaply online than at ordinary shops.
（店頭で買うより安く購入できる）

❸ People can save time for shopping.
（買い物の時間を削減できる）

Q: Will the Internet harm interpersonal communication?
（インターネットは対人コミュニケーションを阻害するか）

➡これには、賛成側の意見として次のような答えが挙げられます。

❶ 対面でのコミュニケーションをなくす
（eliminate face-to-face communication）

❷ 短い簡単な返信（quick response）に慣れることにより会話能力が阻害される（undermine communication skills）

Q2

Does individual privacy outweigh the public's right to know?

解答例

I think that the public's right to know outweighs individual privacy, especially in the case of media coverage of criminal investigations that affect public interests and safety. People have the right to know the truth about political corruption and dangerous crimes including homicide. When it comes to celebrities' privacy, I think that the public's right to know takes precedence over their privacy because they usually capitalize on the media to get enormous publicity and make a huge income. They should more or less pay the price of fame by sacrificing their privacy.

(97 words)

---

words & phrases
- criminal investigation 犯罪捜査
- public interests and safety 公益や安全
- political corruption 政治汚職
- homicide 殺人
- take precedence over ～に優先する；勝る
- capitalize on ～ ～をうまく利用する
- price of fame 有名税

ここを押さえて！

「個人のプライバシー」と「知る権利」に関するトピックは非常に狙われやすいトピックです。より説得力あるアーギュメントは「**知る権利の方が重要**」とする立場で、次のような理由を挙げましょう。

❶ 公益や安全に関わる犯罪捜査などのメディア報道に関しては「知る権利」の方が重要であり、一般市民は政治汚職（political corruption）や、殺人（homicide）のような危険な犯罪に関しては真実を知る権利がある

Unit 9

❷ 有名人のプライバシーに関しても、彼らはメディアを利用し (capitalize on the media) 知名度を上げ (get enormous publicity)、莫大な収入を得ているのだから、ある程度は有名税 (the price of fame) としてプライバシーを犠牲にしなくてはならない

試験官の反論にはこう答える！

有名人のプライバシー関しても「知る権利」の方が優先されるべきだという意見に対して「では、英国の故ダイアナ妃はパパラッチの執拗な追跡 (relentless pursuit of paparazzi) が原因による交通事故で亡くなったが、このようなメディアの追跡は行き過ぎではないのか」と反対尋問された場合は、どのように答えますか？

（ここで、心の中では彼女の悲劇的な死を悼みながらも自分の立場は一貫性を貫きましょう！）この場合は以下のように、"Her case is very rare and extreme. In general, celebrities have to accept a certain degree of privacy invasion as the price of fame, which includes entertaining the general public by letting them pry into their private lives."（彼女のケースは非常に稀で極端であり、一般的に有名人というのはやはり有名税としてある程度はプライバシーの侵害を受け入れるべきであり、その中には彼らのプライバシーをのぞき見させることで一般大衆を楽しませることも入る）のように、やはり「プライバシーの犠牲は避けられない」ことを軸に反論します。

関連質問にはこう答える！

Q: Should names or photos of juvenile criminals be made public?
（青少年犯罪者の名前や写真を公開すべきか）

➡ この質問への賛成意見は次の2点が挙げられます。

❶ It will serve as an effective deterrent to juvenile crimes.
（青少年犯罪に対する効果的な抑止力になる）

❷ Public benefits and safety should take precedence over juvenile criminals' privacy.
（彼らのプライバシーよりも公共の安全の方が重要である）

また、反対意見としては、次の3点が挙げられます。

> ❶ It will only produce copycat crimes.
> （模倣犯罪を生むだけである）
> ❷ It will deprive them of a chance for rehabilitation.
> （青少年から更生の機会を奪ってしまう）
> ❸ It will make their parents and other family members suffer from disgrace and discrimination.
> （情報公開により彼らの親や家族まで恥や差別で苦しませる）

　このトピックに関しては、デメリットである「青年の更生と社会復帰の機会を奪う」ことや、「彼らの家族まで苦しませ生活を困難にさせる」のような厳しい社会的影響がメリットを上回ると考えられるので、反対の立場の方が強いアーギュメントができるでしょう。

Unit 9

Q3

Should playing online games be discouraged?

解答例　CD 83

Yes, I think so for two reasons. Firstly, online games are addictive enough to deprive people of their valuable time to spend on more productive activities such as study and exercise. Especially, children tend to become compulsive players, which leads to a serious decline in their academic performance. Secondly, online games can undermine players' health by increasing their sedentary behavior and exposure to computer screens. They often cause eyestrain, a bad posture, sleep deprivation, and sometimes even metabolic syndrome.

(79 words)

words & phrases
- deprive ~ of ...　〜から…を奪う
- productive　生産的な；実りの多い
- compulsive　強迫感にとらわれた
- academic performance　学業成績
- sedentary　いつも座っている
- sleep deprivation　睡眠不足

ここを押さえて！

「メディアの功罪」をディベートするトピックは重要ですが、その中から「**オンラインゲームをやめさせるべきか**」を問う問題。強いアーギュメントは Yes の立場で、次の 2 点を挙げます。

❶ 極めて中毒性が高いので大切な時間を奪い、特に子供はゲームに依存しやすく (tend to become a compulsive player) 学校の成績が下がる

第3章 Q&A

❷ 長時間座ったままの状態（sedentary behavior）やスクリーンを見続けることで、さまざまな健康障害を引き起こす

もし No の立場（ゲームをやめさせない）で答えるなら、次のような理由が考えられます。

❶ Playing video games help people develop their reflexes and agility.
（ゲームをすることで反射神経や瞬発力が養われる）
❷ Some game software can serve as an educational tool.
（ゲームソフトによっては教育的（学習）ツールになり得るものもある）

特に発育期における子供への精神面かつ健康面への悪影響を考えると、「ゲームをやめさせる」に賛成する方が説得力があるでしょう。

関連質問にはこう答える！

Q: What are the effects of TV and movie violence on young viewers?
（テレビや映画の暴力シーンが若者に与える影響とは）

➡ メディアバイオレンスの悪影響としては、"Prolonged exposure to violence can pervert their mind and undermine their sense of morality, which will lead to an increase in violent behavior among young viewers."（長時間暴力シーンに接触すると、彼らの精神を歪めたり道徳性を損なったりし、そのことが暴力行為の増加にもつながる）のような答えが適切でしょう。この質問の答えは教育分野でも使えるので必ず練習しておきましょう！

試験官の反論にはこう答える！

Q: What do you think about some game software which can meet educational purposes?
（ゲームソフトによっては学習目的を満たすものもあるがどう思うか）

➡ ❶の「ゲームが原因で学校の成績が下がる」という意見に対して、このように反対尋問された場合はどのように答えますか？ 確かに、クイズ形式で暗記ができる学習ソフトなども開発されていますが、この場合は、"These kinds of learning games account for only a small percentage, and most video games are merely for entertainment purposes."

（確かに教育目的のあるゲームもあるが、このようなゲームの占める割合は低く、そのほとんどは娯楽要素の多いゲームである）や "Considering health damage such as stiff shoulders and obesity, I think that the disadvantages far outweigh the advantages."（ひどい肩こりや肥満などの健康被害を考えると、デメリットの方がはるかに大きい）のように反論しましょう。

- Write an essay on the given TOPIC.
- Give THREE reasons to support your answer.
- Structure: Introduction, main body, and conclusion
- Suggested length: 200 - 240 words

添削なし★

Topic 2

Will electronic media replace almost all printed materials in the future?

★将来印刷物はほとんどなくなり、電子メディアに取って代わられるのかというトピックです。スマートフォンやタブレット型端末が急速に普及して、ますます印刷物の運命が危ぶまれますが、根強いペーパーブックファンもいます。

それではまず pro か con かのスタンスを決めて、次にポイントになる語句を考えてから、キーアイディアを作ってみましょう。

Unit 9

ポイントとキーアイディアを考えてみよう

【pro の場合】

☐ convenience

便利さでは本と電子本のどちらが勝っていますか？ これは明らかに pro のキーアイディアでしょう。辞書のように重くてかさ張らないということと、多機能であるというサポートで強いアーギュメントになりますね。

☐ environment

これは言葉を少しつけ足して、環境に優しい (**kind to the environment[eco-friendly]**) とか、環境保護 (**environmental protection**) のためには紙を使わない電子メディアの方がいいので pro ですね。

【con の場合】

☐ aesthetic value

美的価値は本の方にありますね。con のキーアイディアです。資産価値 (**asset value**) と結びつけると強いアーギュメントになります。

☐ health risks

目が疲れたり、肩がこりやすいのは電子メディアですね。con のアーギュメントです。

【pro/con 両方で使える】

☐ cost

印刷物の方が電子ブックリーダーなどの機械を買わなくてもいいので安いともいえますし、また電子メディアの方が始めの投資だけで長期的には安くつくとも言えますね。

☐ democratizing book publishing

出版社を通さなくても自由に本が出版できるようになった事によって、どのような影響が考えられるでしょうか？ 出版、印刷業界 (the publishing industry, the printing industry) には痛手ですが、本を出したいと思っている人や、より幅広い種類の本が選択できる読者にとっては良いことですね。

さてどちらの方が書きやすいでしょうか？ キーアイディアはどちらも4つずつで同じくらいですが、サポートを考えると、pro の **Convenience** や **Environment** のほうが con の Aesthetic value や Health risks よりも書きやすく、強いアーギュメントになるでしょう。

サンプルを check！

それでは、このトピックのスピーチを作成してみましょう（エッセイのサンプルは P300 にあります）。

❶ Nowadays electronic media is becoming more and more popular as an increasing number of people use electronic devices. Under the circumstances, I think that it will replace almost all printed materials in the future for the following three reasons.

❷ First and foremost, electronic media is far more convenient than voluminous printed materials. For example, it can decrease the burden of carrying heavy books. The growing reliance on convenient electronic media may eventually lead to the demise of printed media.

Unit 9

解説

❶ このイントロはひな形の It is a highly controversial issue ... とか There have been a lot of discussions and debates ... を使っていませんが、**Nowadays ... is becoming more and more popular [common] ...** も使いやすいイントロの書き出しの一つですね。最近の状況や傾向を述べる時に便利ですが、気を付けないといけない事はその後にいきなり I think that ... としないで、必ず **Under the circumstances,** とつなぎのフレーズを入れることです。

❷ ボディ部分はまず最初に最も強いアーギュメントを書きます。(**First and foremost,**) ここでは **convenient** というポイントを使い、electronic media はかさ張る (voluminous) printed materials よりもずっと便利であると主張し、重い本を持ち歩く人の負担を減らす (**decrease the burden of carrying heavy books**) とサポートしています。そしてその便利さに頼ることが当たり前になってくるとやがては印刷メディアの消滅につながるだろう (eventually **lead to the demise of printed media**) と述べています。

❸ Second, electronic media will promote environmental protection. It will greatly reduce paper consumption, which will help solve the problem of dwindling timber resources. It can also reduce environmental pollution caused by transportation of a huge number of books.

❹ Finally, electronic media will be far less expensive than printed media mainly because of its much lower production costs. For example, e-books are 40 to 70% cheaper than their printed equivalents. Therefore readers can quickly recoup the initial investment on e-book readers.

❺ In conclusion, for three reasons, greater convenience, eco-friendliness and cost-effectiveness, I believe that electric media will replace nearly all printed materials in the future.

Unit 9

解説

❸ 2つ目の理由は、紙の消費が著しく減り(greatly reduce paper consumption)それは環境保護を促進する(**promote environmental protection**)ということです。紙の消費が減ることで森林資源の減少(**dwindling timber resources**)や森林破壊(**deforestation**)の問題の解決に役立ちますね。また莫大な量の本の輸送がなくなるわけですから、温暖化ガスなどによる環境汚染も減りますね。

❹ 3つ目の理由は、電子メディアの方があまり費用がかからない(far less expensive)と言うアーギュメントです。生産コストがはるかに低い(its much lower production costs)ので当然その分価格も安くなります。初期投資(**initial investment**)は少しかかりますが、電子書籍端末は長持ちする(**durable**)ので元が取れる(**recoup the initial investment on e-book readers**)というわけです。最近は新聞などを買わなくてもオンラインニュースなどは無料で見ることができますしね。

❺ 最後にボディーで述べたポイントを句でまとめて繰り返しましょう。まず非常に便利であること(greater convenience)、それから環境に優しいこと(eco-friendliness)、そして経済的であること(cost-effectiveness)の3つです。

❌ 反対のアーギュメント

1 Concern about health risks such as **eye strain** and **stiff shoulders** will discourage people from using electronic media.
（目の疲れや肩こりなどを嫌い、電子メディアの使用を敬遠する人もいる）

2 Printed media has a **tangible asset value** that is lacking in electronic media.
（印刷メディアは電子メディアにない、有形の資産価値がある）

3 In general, printed media have such **aesthetic value** and appeal that they can become part of interior decoration.
（多くの印刷メディアは室内装飾の一部にもなる美的価値を持つ）

Unit 9

スピーチ全文訳

　今日電子機器を使う人々が増えるにつれ、ますます電子メディアの人気が高まりつつある。このような中、以下の3つの理由から、電子メディアは将来ほとんどの印刷物に取って代わるのではないかと私は考える。

　まず第一に、電子メディアはかさばる印刷物よりもずっと便利である。例えば、重い本を持ち歩く負担が減らすことができる。その便利さ故にますます使う人が増えて印刷物はやがて消滅するだろう。

　第二に、電子メディアは環境保護の促進につながる。紙の消費が著しく減ることにより、減少しつつある森林資源の問題解決に役立つ。また膨大な数の本の輸送に伴う環境汚染も削減できる。

　最後に、電子メディアは生産コストがはるかに低いので、活字媒体よりもあまり費用がかからない。読者が電子書籍端末への初期投資を回収できるのは、電子メディアが活字媒体よりもはるかに経済的だからである。

　結論として、より便利で、環境に優しく、経済的であるという理由で、電子メディアはやがてほとんどの印刷物に取って代わるであろうと私は確信している。

---

words & phrases

- Under the circumstances,　こうした状況の中で
- First and foremost,　先ず第一に；何よりもまず
- voluminous printed materials　かさばる印刷物
- decrease the burden　負担を減らす
- the demise of printed media　印刷メディアの消滅
- promote environmental protection　環境保護を促進する
- greatly reduce paper consumption　紙の消費を大きく減らす
- dwindling timber resources　森林資源の減少
- deforestation　森林破壊
- cost-effective　費用効率が高い；経済的な
- the initial investment on e-book readers　電子書籍端末への初期投資

第3章　エッセイ／スピーチ

エッセイのサンプルを見てみましょう（色文字になっている部分が、スピーチと異なる部分です）。

Nowadays electronic media is becoming more and more popular as an increasing number of people use electronic devices. Under the circumstances, I think that it will replace almost all printed materials in the future for the following three reasons.

First and foremost, electronic media is far more convenient than voluminous printed materials. It can decrease the burden of carrying heavy books. Electronic dictionaries, for example, contain various kinds of encyclopedias and dictionaries ranging from English-English dictionaries to thesauruses to collocation dictionaries. The growing reliance on convenient electronic media may eventually lead to the demise of printed media.

Second, electronic media will promote environmental protection. It will greatly reduce paper consumption, which will help solve the problem of dwindling timber resources. It can also reduce environmental pollution caused by the transportation of a huge number of books.

Finally, electronic media will be far less expensive than printed media mainly because of its much lower production costs. For example, e-books are 40 to 70% cheaper than their printed equivalents. Therefore readers can quickly recoup the initial investment in e-book readers.

In conclusion, for three reasons, greater convenience, eco-friendliness and cost-effectiveness, I believe that electric media will replace nearly all printed materials in the future.

エッセイ全文訳 ※色文字になっている部分が、スピーチと異なる部分です

　今日電子機器を使う人々が増えるにつれ、ますます電子メディアの人気が高まりつつある。このような中、以下の3つの理由から、電子メディアは将来ほとんどの印刷物に取って代わるのではないかと私は考える。

　まず第一に、電子メディアはかさばる印刷物よりもずっと便利である。重い本を持ち歩く負担が減らすことができる。例えば、電子辞書はさまざまな種類の百科事典や英英辞典、類語辞書、コロケーション辞典などの辞書も含まれている。その便利さ故にますます使う人が増えて印刷物はやがて消滅するだろう。

　第二に、電子メディアは環境保護の促進につながる。紙の消費が著しく減ることにより、減少しつつある森林資源の問題解決に役立つ。また膨大な数の本の輸送に伴う環境汚染も削減できる。

　最後に、電子メディアは生産コストがはるかに低いので、活字媒体よりもあまり費用がかからない。読者が電子書籍端末への初期投資を回収できるのは、電子メディアが活字媒体よりもはるかに経済的だからである。

　結論として、より便利で、環境に優しく、経済的であるという理由で、電子メディアはやがてほとんどの印刷物に取って代わるであろうと私は確信している。

「メディア」関連Q&Aトレーニング

Q4
Do the advantages of advertising outweigh its disadvantages?

解答例

Yes, I think so for three reasons. Firstly, advertisement boosts the economy by stimulating consumption. Companies can increase their sales by enhancing their corporate image and expanding their consumer base. Secondly, advertisement finances entertainment such as TV programs and athletic events. Without advertising, it is very difficult to create TV programs or hold athletic events. Thirdly, advertisement facilitates consumers' product choices and purchases by allowing them to comparison-shop. I think these advantages of advertising far outweigh disadvantages such as misleading information and impulsive and unnecessary buying that many people are concerned about.

(93 words)

words & phrases
- □ **expand consumer base** 消費者基盤を拡大する
- □ **facilitate** 容易にする
- □ **comparison-shop** 比較検討して買い物をする

ここを押さえて！

メディアの分野で非常に重要な「**広告の是非**」を問う問題。強いアーギュメントは Yes の立場で、次の3点を挙げます。

Unit 9

❶ 広告は消費を刺激して経済を高める
  (boosts the economy by stimulating consumption)
❷ テレビ番組制作やスポーツイベントの資金となる
  (finances TV programs and athletic events)
❸ 消費者が比較検討して買い物ができるので、品物を選びやすく購買を促進する
  (facilitates consumers' product choice and purchase)

デメリットとしては次の2点をあげ、総合評価は「利点が勝る」としています。

❶ 消費者に誤解を招く情報を与える
❷ 衝動買いや不必要な買い物（impulsive and unnecessary buying）につながる

試験官の反論にはこう答える！

Q: Don't you think that advertising promotes mass consumption, thus contributing to a throw away society?
（広告は大量消費へとつながり、使い捨て社会を生むのでは）

➡「消費を刺激する」ことや「消費者が商品を選びやすくなる」のような広告の利点に対してこのように反論された場合は、どう反論すればよいのでしょうか。答えとしては、まず大量消費の原因のひとつである誇大広告に関しては"The government has tightened restrictions on false advertising."（政府の誇大広告規制が厳しくなってきている）こと、そして"Under the prolonged recession, most people tend to save than spend even under the influence of advertisement."（長い不況の影響で、ほとんどの人は広告の影響を受けてもお金を使わずむしろ貯金する傾向にある）などの例を挙げて反論しましょう。

関連質問にはこう答える！

Q: Should cigarette advertisements be banned?
（タバコ広告は禁止すべきか）

➡このような質問には、賛成意見として次のように答えましょう。

❶ It will decrease the number of smokers influenced by cigarette ads. (広告による喫煙者の数を減らす)
❷ It has scientifically proven that smoking will pose a serious health risk on people.
(喫煙が深刻な健康リスクをもたらすことは科学的に証明されている)

反対意見としては、次のような答えが考えられます。

❶ 言論の自由に反する
(run counter to the freedom of speech)
❷ タバコ会社の収益が減り、政府の税収も減る
(decrease tax revenues)

このトピックは、時代の流れがタバコによる健康被害（health hazard）の懸念から禁煙の方に傾いていることや、ガンや脳卒中（stroke）など喫煙が原因の病気に対する医療費負担の増加などの経済的損失（economic loss）を考慮すると「禁止には賛成」の方がより説得力のあるアーギュメントができるでしょう。

Unit 9

Q5
How objective or biased is current news coverage in the world?

解答例

I think that current news coverage in the world is biased for the following three reasons. Firstly, the media often supports particular political parties, candidates or ideologies. Media companies and reporters are also biased for or against a particular race, age, religion, or gender. Secondly, media companies' sensationalism to increase audience ratings and readership will rule out objective coverage of events. Thirdly, government censorship of media coverage creates a bias among their citizens, which often happens in many countries. In countries like North Korea and China, the government often tries to control the media through overt and covert press censorship.

(101 words)

---

words & phrases
- political party 政治の党
- ideology イデオロギー；考え
- sensationalism 扇情主義；人気取り
- audience rating 視聴率
- readership 読者数；読者層
- rule out 〜を不可能にする
- overt 公然の
- covert 秘密の

ここを押さえて！

メディアの分野においてよく議論される「**報道は偏っているか否か**」を問う問題。説得力のあるアーギュメントは Yes の立場で、次のような具体例を挙げる必要があります。

❶ メディアは多くの場合、特定の政治の党や候補者、またはイデオロギーを支持しており、また、報道会社やレポーターも特定の人種、年齢、宗教、性別に対して好意的であったり、または偏見があったりする
❷ 報道会社の利益目的による視聴率アップや読者層拡大のためのセンセーショナリズム (media companies' sensationalism to increase audience ratings and readership) も、客観的なメディア報道をなくす
❸ 政府による検閲も市民の間に偏見を生み、北朝鮮や中国などでは、公然または秘密に実施されるメディア検閲 (overt or covert press censorship) により政府がしばしば報道を規制している

関連質問にはこう答える！

Q: Should Internet access and contents be restricted by law?
(ネットのアクセスやコンテンツは法律で制限されるべきか)

➡賛成意見としては次のような2点が挙げられます。

❶ Restrictions will protect innocent children from exposure to obscene and harmful websites.
(規制は無防備な子供が低俗で有害なサイトに接することから守る)
❷ Regulations will prevent libelous comments from being posted.
(規制は中傷的なコメントが掲載されるのを抑止する)

また反対意見としては、次のような2点が挙げられます。

❶ Restrictions run counter to the spirit of freedom of expression which is guaranteed by the Constitution.
(ネット規制は憲法で保証されている言論の自由に反する)
❷ Regulations will decrease the number of business transaction stimulated by the free flow of information.
(規制は自由な情報の流れで促進される商取引を減少させる)

キーフレーズでスピーチ力とQ&A力を上げる！
英検1級 大特訓 フラッシュカード

いつでも、どこでも、スピーチやQ＆Aの練習ができるように、本書に出てきたトピックを、キーフレーズとともにフラッシュカードにしました。切り取って持ち歩くもよし、コピーしたものをカードやノートに貼って使うもよし。勉強の環境に合わせて活用してみてください。

Q: Which is the greater threat to humankind, terrorism or world hunger?

政治①

World hunger
1. Its far-reaching effects on the world
2. The root cause of terrorism

Terrorism
1. Huge collateral damage
2. Massive damage through cyber terrorism

Q: Is world peace a remote possibility?

政治②

Pros
1. Serious conflicts arising from religious and ethnic differences
2. Human's territorial expansionism

Cons
1. Economic interdependence through globalization
2. Nuclear deterrence

Q Should capital punishment be abolished?

政治③

Pros	Cons
1. The risk of executing innocent people 2. Inhumane and unethical penal system devaluing human life	1. Deterrence against atrocious crimes 2. Alleviating a government's financial burden of maintaining criminal justice system

Q Do nuclear weapons make the world less secure?

政治④

Pros

1. Possibility of nuclear weapons that threatens the world
2. Possibility of nuclear accidents that damage the environment

Q What role should the United Nations play in international politics?

政治⑤

1. To promote global peace and stability by taking the initiative in conflict resolution
2. To ensure the protection and promotion of human rights
3. To promote sustainable development in the world

Q: Should economic sanctions be used to achieve foreign policy objectives?

政治 ⑥

Pros
1. Avoiding bloodshed of innocent civilians
2. Diluting the target countries' aggression
3. Maximizing pressure on the leadership and minimizing citizens' suffering

Cons
1. Its neutralization by foreign support
2. Great suffering of citizens

Q: Is foreign aid an effective way to promote economic growth in developing countries?

経済 ①

Pros
1. To build infrastructure and factories to develop their industries
2. To enhance the quality of education in developing countries

Cons
1. Embezzlement of foreign aid by corrupt governments of recipient countries
2. Misuse of foreign aid to developed countries' advantages
3. More dependency on donor countries that discourages recipients' economic development

---

Q: What are the social responsibilities of large corporations?

経済 ②

1. Protection of the environment by developing eco-friendly products and technologies
2. Practicing business ethics: fair trade, no bribery, no abuse of employees, and insider trading

Q: Should the mandatory retirement system be abolished?

経済③

Pros
1. Alleviating labor shortage by using elderly workforce
2. Maintaining the pension system

Cons
1. Giving more job opportunities to young and middle-aged people
2. Maintaining companies' productivity by eliminating unproductive elderly workers

---

Q: Will the trend toward part-time employment negatively affect Japanese society?

経済④

Pros
1. Declining birthrates due to increasing numbers of part-timers
2. Undermining Japanese domestic consumption due to their lower disposable income

Cons
1. Decreasing unemployment rate due to increasing part-time employment
2. Increasing companies' profit by saving their labor costs

Q: Should major companies in financial trouble receive government support?

経済⑤

Cons
1. Unfairness of bailing out major companies
2. A financial burden on the government
3. Going against the principle of capitalism

Q: How can creativity be developed?

教育①

1. Question traditions and remove perceptual blocks generated by your biases
2. Try to find plan B, overcoming limited resourses
3. Practice divergent and convergent thinking simultaneously

Q: Do the advantages of school uniforms outweigh the disadvantages?

教育②

Pros	Cons
1. Encouraging students' academic, athletic and artistic development (by saving time to think about what to wear to school) 2. Saving family expenses 3. Developing students' sense of pride in and belonging to their schools	1. Undermining students' individuality and creativity 2. Causing great discomfort to students due to its less adaptability to temperature changes

Q: Do the advantages of gifted students' grade-skipping outweigh the disadvantages?

教育③

Advantages	Disadvantages
1. Enhancing teaching and learning effectiveness 2. Cost-effective educational system for gifted students	1. Making gifted students the target of bullying 2. Undermining the balance between IQ-EQ development

Q: What country has an ideal education system that can be a good model for other countries?

Finland's educational model

1. Non test-based educational models resulting in students' highest academic performance in the international tests
2. Highly qualified teachers

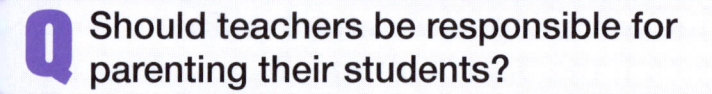

Q: Should teachers be responsible for parenting their students?

Pros

1. Busy parents due to working and caring for their children and elderly parents
2. Advantages of teachers in teaching social rules and manners at the school educational environment

Q: What are the causes of juvenile delinquency?

1. Lack of parental love and guidance
2. Harmful media influence on young people's mind
3. Exam-centric education with little emphasis on character development

Q What are countermeasures for juvenile delinquency?

教育 ⑥-2

1. Parents' more disciplining of their children with love
2. Professional support for children receiving less parental guidance and love
3. Schools' moral education to build children's character

Q What country has the best healthcare system in the world?

医療 ①

Japanese healthcare system

An egalitarian universal healthcare system—providing world-class medical services to everyone at affordable costs

Q What makes organ transplants so controversial?

医療 ②

1. Lack of national consensus about the definitions of death
2. Degradation of the human body and human dignity

Q What are the causes of mental illnesses?

1. Traumatic, life-threatening experience such as natural disasters
2. Business restructuring or bankruptcy due to economic recession
3. Failures in job hunting and college admission
4. Lack of social support for women taking care of their children and elderly parents

Q Should smoking be banned in public places?

Pros
1. Protecting nonsmokers from sidestream smoke
2. Decreasing environmental and fire hazzards by cigarette littering and smoke
3. Saving the government's budget for creating designated areas for smoking

Cons
1. Declining profits in eating and drinking establishments
2. Potential decline in tax revenues due to decreasing smoking population

Q Does the benefit of genetic engineering outweigh the dangers?

Pros
1. Alleviating world hunger
2. Curing intractable and incurable diseases

Cons
1. Causing ethical problems
2. Carrying great health risks

Q: Has technology changed education for the better?

科学②

Pros	Cons
1. Interactive multimedia that enhances students' learning effectiveness	1. Too much information that undermines students' thinking ability
2. Far more information online that develops students' research skills	2. Many computer functions that distract users' attention from study
3. E-learning to increase people's opportunities to study	

Q: What is the future of robots in daily life?

科学③

1. Popularization of housework robots and caregiver robots
2. Popularization of robot suits for the elderly and physically challenged
3. Increased use of robot surgery and capsule endoscopy

Q: Will the use of solar energy become widespread in the future?

科学④

Pros	Cons
1. Viable alternative to CO_2-emitting fossil fuels	1. Unstable power generation output
2. Having the potential to solve resource shortage problems	2. Low power generation capacity

Q: How should companies and individuals make efforts to protect the environment?

環境 ①

company

Promoting energy saving and tackling environmental degradation by complying with strict regulations and producing eco-friendly products

individual

Practicing 3Rs: reducing, reusing, recycling

Q: Do the benefits of daylight saving time outweigh the disadvantages?

環境 ②

Pros

1. decrease in the electricity consumption
2. economic benefits
3. decrease in the incidence of crime and traffic accidents

Cons

1. high implementation costs
2. health problems caused by maladaptation to circadian rhythm

Q: Is the extinction of some plants and animal species inevitable? If so, how is it possible to protect them from extinction?

環境 ③

1. Tighter control of smuggling and poaching
2. Creating more sanctuaries to preserve natural habitats
3. Promoting more ecotourism

Q: How serious are current environmental problems?

環境④

1. The growing threat of global warming causing deforestation and desertification as well as weather abnormality and will cause coastal flooding
2. Water shortage problem

Q: Is multiculturalism beneficial to society?

文化①

Pros
1. Boosting the economy through overseas investment and increased job opportunity.
2. Promoting cultural diversity
3. Developing tolerance for other cultures
4. Stimulating people's life

Cons
1. Undermining the national identity
2. Leading to a decline of traditional industries
3. Causing cross-cultural conflicts

Q: Is religion necessary for society?

文化②

Pros
1. Alleviating people's mental suffering
2. Contributing to social stability

Cons
1. Possibility of serious conflicts through religious differences
2. Possibility of terrorism
3. Damage to rational thinking

Q: Is Japan making enough efforts to preserve its cultural heritage?

文化③

Cons

1. Extremely low budget for the protection of cultural heritages
2. Decrease in the support for historical structures and craft-people
3. Acute shortage of successors for traditional craft work

Q: Does art make an essential contribution to society?

文化④

Pros

1. Boosting the economy
2. Enhancing the quality of our life
3. Promoting mutual understanding between people with different cultures
4. Contributing to the preservation of cultural legacies

Q: How can we deal with a superaging society?

家庭①

1. Increasing the number of caregivers and building more facilities for the elderly
2. Increasing female and foreign workforce
3. Making anti-aging efforts including preventive medicine

Q: Is it necessary for couples to share household chores?

家庭②

Pros

1. (Full-time homemakers) Sharing housework mostly on weekends
2. (Couples with an equal amount of workload) Sharing housework every day

---

Q: Do the benefits of same-sex marriage outweigh its disadvantages?

家庭③

Pros

1. Equal rights to marriage
2. Contribution to elimination of various forms of discrimination
3. Contribution to social stability
4. Benefit to underprivileged orphans

Cons

1. Financial burden on taxpayers
2. Damage to traditional family values
3. Possible decline in birthrates

Q: Should Japan make more efforts to achieve gender equality?

家庭④

Pros

1. Falling behind other countries in female empowerment
2. A big gender difference in salary
3. Only 2% of fathers on paternity leave

Q Does the benefit of the Internet outweigh its disadvantages?

メディア ①

Pros	Cons
1. A great source of information	1. Cyber crime
2. More business opportunities	2. Harmful websites
3. Online shopping	3. Misleading information
4. Distance learning	

Q Does individual privacy outweigh the public's right to know?

メディア ②

The public's right to know is more important than individual privacy in the following cases:

1. Criminal investigations that affect public's interest and safety
2. Celebrities' privacy

Q Should playing free online games be discouraged?

メディア ③

Pros	Cons
1. wasting time	1. developing reflexes and agility
2. undermining health	2. serving as educational tools

Q: Do the advantages of advertising outweigh its disadvantages?

メディア ④

Pros	Cons
1. Boosting the economy	1. Giving misleading information
2. Financing TV programs and athletic events	2. Causing impulsive and unnecessary buying
3. Facilitating consumers' product choice and purchase	

Q: How objective or biased is current news coverage in the world?

メディア ⑤

Biased

1. Media's support for particular political parties and ideologies
2. Media companies sensationalism
3. Government censorship of media coverage

●著者紹介

植田一三（ウエダ イチゾウ）編・著
年齢・性別・国籍を超える英悟の超人（ATEP[Amortal "Transagenderace" Educational Philophartist]）、最高峰資格8冠突破&ライター養成校「アスパイア」学長。自己実現と社会貢献を目指す「英悟道」精神、"Let's enjoy the process!（陽は必ず昇る）"を教育理念に、指導歴40年で英検1級合格者を約2700名以上輩出。出版歴35年で著書は120冊を超え、多くはアジア5か国で翻訳。ノースウェスタン大学院・テキサス大学博士課程留学、同大学で異文化間コミュニケーションを指導。教育哲学者（educational philosopher）、世界情勢アナリスト、比較言語哲学者（comparative linguistic philosopher）、社会起業家（social entrepreneur）。

上田敏子（ウエダ トシコ）著
アスパイア英検1級・国連英検特A級・IELTS講座講師。バーミンガム大学院修了（優秀賞）後、ケンブリッジ大学で国際関係論コース修了。国連英検特A級（優秀賞）、工業英検1級（文部科学大臣賞）・TOEIC®満点取得。鋭い異文化洞察と芸術的鑑識眼を活かして英語教育界をリードするワンダーウーマン。主な著書に『英検® ライティング大特訓シリーズ』（アスク出版）、『英検® 面接大特訓シリーズ』（Jリサーチ出版）、『英語で説明する日本の文化シリーズ』（語研）、『英語で経済・政治・社会を討論する技術と表現』（ベレ出版）などがある。

Michy里中（ミッチー サトナカ）著
アスパイア（旧アクエアリーズ）で英検1級・英検準1級・TOEIC満点講座を担当。ビジネス会議通訳者。ロサンゼルスで長期に渡りビジネス通訳業務に携わり、アパレル業界の通訳・翻訳業にも15年以上携わるバイリンガル。主な著書に『英会話フレーズ大特訓　ビジネス編』（Jリサーチ出版）、『料理を楽しむための英語表現』（クロスメディア・ランゲージ）、共著で『英語スピーキング大特訓 自分のことを論理的に話す技術とトレーニング』（ベレ出版）、『英検1級ライティング大特訓』、『英検準1級ライティング大特訓』（以上、アスク出版）など多数。

山下澄子（ヤマシタ スミコ）著
アクエアリーズ（現・アスパイア）横浜校英検1級&TOEIC満点突破講座を担当。大学入試予備校で医歯薬入試対策指導を行うと同時に、英検1級・通訳案内士・TOEIC900点突破教材の執筆を行う。サウジアラビアに4年間滞在し、現地でヨガやスキューバダイビングのインストラクターを務め、英語でその講義と実践指導経験を持つ。

カバーデザイン	花本浩一
本文デザイン／DTP	江口うり子（アレピエ）
CDナレーション	Rachel Walzer / Howard Colefield / 水月優希

英検®1級　面接大特訓

平成28年（2016年）2月10日　初版第1刷発行
令和5年（2023年）4月10日　　第7刷発行

編著者	植田一三
著　者	上田敏子　Michy 里中　山下澄子
発行人	福田富与
発行所	有限会社 Jリサーチ出版
	〒166-0002 東京都杉並区高円寺北2-29-14-705
	電話 03(6808)8801（代）FAX 03(5364)5310　編集部 03(6808)8806
	https://www.jresearch.co.jp
印刷所	㈱シナノ パブリッシング プレス

ISBN978-4-86392-261-7　禁無断転載。なお、乱丁・落丁本はおとりかえいたします。
©2016 Ichizo Ueda, Toshiko Ueda, Michy Satonaka, Sumiko Yamashita, All rights reserved.

Aspire School of Communication アスパイア

39年の信頼と実績

日本唯一の英語最高資格 英語教育書ライター養成校

英検1級合格者2700名・資格5冠130名突破！

— 通学・ZOOM双方向講座＆e-learning講座　受付中！ —

英検1級1次試験突破講座	国連英検特A級突破講座	技術英検プロフェッショナル突破講座
国際社会で活躍するための英語のスキルUP講座	英字誌・英語放送が真にエンジョイできるようになる	一流の翻訳士・英文ライターになるためのスキルUP講座
英検1級2次試験突破講座	通訳案内士試験突破＆養成プログラム	英検準1級突破講座
社会問題の知識と討論力を一気にUP	プロ通訳案内士になるためのスキルUP講座	キャリアUPのための英語実力UP講座
IELTS 6.5-7.5点突破講座	英字誌世界情勢セミナー	史上最強のオンラインボキャブラリー検定
留学によって英語と専門性をワンランクUP	タイムやエコノミストがエンジョイできるようになるための講座	自動採点評価付きで無料受験できる最もバランスの取れた画期的検定

お申込・お問合せは、**フリーダイヤル** 0120-858-994

受付▶木金土日月曜　12:00-17:00

大阪心斎橋校 〒542-0085 大阪市中央区心斎橋筋1-2-25 上田ビル3F

全国Zoom受講発信中！

| アスパイア | 検索 |

https://aspire-school.jp/

Jリサーチ出版の英検対策本

ズバッと合格したい人のための!

単語集

英検1級 英単語1400 ODD ONE OUT

青柳璃乃 著／本体1,800円+税
ISBN：978-4-86392-262-4

4つの単語から異なる意味の単語(＝仲間はずれ)を選ぶというシンプルなクイズで、英検1級の頻出単語が記憶に定着する、ユニークで効率抜群な1冊。

面接大特訓シリーズ

長年にわたり英検受験者を指導し続けてきた、植田先生をはじめとする豪華プロフェッショナル執筆陣による「合格への最短距離」がここにある!

英検2級面接大特訓

植田一三／上田敏子／Michy里中 共著
CD2枚付／本体1,400円+税
ISBN：978-4-86392-232-7

英検準1級面接大特訓

植田一三／上田敏子／Michy里中 共著
CD2枚付／本体1,400円+税
ISBN：978-4-86392-202-0

英検1級面接大特訓

植田一三 編著　上田敏子／Michy里中／山下澄子 著
CD付／本体2,000円+税
ISBN：978-4-86392-261-7